Über den Verfasser

Martin Esslin wurde 1918 in Budapest geboren. Er wuchs in Wien auf und studierte dort gleichzeitig Philosophie und Anglistik an der Universität sowie Regie am Reinhardt-Seminar. 1938 emigrierte er über Belgien nach England, wo er von 1940 an als Regisseur, Redakteur und Kommentator am britischen Rundfunk (BBC) arbeitete. 1961 wurde er stellvertretender Leiter, von 1963 bis 1977 war er Leiter der Hörspielabteilung der BBC und arbeitete mit vielen der führenden Dramatiker der Zeit, darunter Beckett, Pinter und Arden, zusammen. Seit 1977 ist er Professor für Theaterwissenschaft an der Stanford Universität in Kalifornien, wo er jeweils sechs Monate des Jahres verbringt; die übrige Zeit lebt er in London.

Esslin hat zahlreiche Rundfunkmanuskripte verfaßt und ist auch als Übersetzer deutscher Stücke ins Englische wie englischer Dramen ins Deutsche hervorgetreten. Seine kritischen Artikel erscheinen regelmäßig in *Plays + Players, Encounter* und vielen anderen Periodika. Seit 1977 ist er Dramaturg am Magic Theatre, San Francisco.

Wichtigste Veröffentlichungen: Brecht – A Choice Of Evils (1959, 4. Aufl. 1980); Das Theater des Absurden. Von Beckett bis Pinter (rowohlts enzyklopädie 414; The Theatre Of The Absurd, 1961, 3. Aufl. 1980); Pinter – The Playwright (1970, 4. Aufl. 1982); Artaud (1976); An Anatomy Of Drama (1977); Meditations (1980); The Age Of Television (1982).

Martin Esslin

Die Zeichen des Dramas

Theater, Film, Fernsehen

Aus dem Englischen von
Cornelia Schramm

rowohlts enzyklopädie

rowohlts enzyklopädie

Herausgegeben von Burghard König

Deutsche Erstausgabe
Veröffentlicht im Rowohlt Taschenbuch Verlag GmbH,
Reinbek bei Hamburg, Juli 1989
Copyright © 1989 by Rowohlt Taschenbuch Verlag GmbH,
Reinbek bei Hamburg
Die Originalausgabe erschien 1987 unter dem Titel
«The Field of Drama» im Verlag Methuen,
London und New York
Copyright © 1987 by Martin Esslin
Umschlaggestaltung Jens Kreitmeyer
Satz Sabon (Linotron 202)
Gesamtherstellung Clausen & Bosse, Leck
Printed in Germany
1480-ISBN 3 499 55502 6

Inhalt

All the world's a stage
[Die ganze Welt ist eine Bühne]

Shakespeare

El gran teatro del mundo

Calderón

Die Bretter, die die Welt bedeuten

Schiller

Wie machen wir's, daß alles frisch und neu
Und mit Bedeutung auch gefällig sei?

Goethe

Vorwort

Es herrscht kein Mangel an Büchern über Wesen und Technik des Dramas. Doch ihr enger Blickwinkel hat mich immer erstaunt. Sie neigen dazu, sich ausschließlich auf das Bühnendrama zu konzentrieren, obwohl das weitaus meiste dramatische Material, der größte Teil tatsächlicher Erfahrung mit Drama für die breite Masse seines Publikums in Wahrheit vom Drama im Kino und vor allem im Fernsehen herrührt.

Die Spezialisten, ob Theoretiker der klassischen Tragödie oder hochintellektuelle Filmkritiker – ernst zu nehmende kritische Beurteilung des Dramas im Fernsehen existiert bis jetzt kaum –, betrachten ihre jeweiligen Bereiche als strikt voneinander getrennt. Doch das einfache Publikum trifft diese strengen Unterscheidungen nicht. Die großartige und hochintelligente Schauspielerin Elisabeth Bergner erzählte mir einmal, daß sie ihren guten Freund und Bewunderer Albert Einstein endlich überredet hatte, sie ins Theater zu begleiten. Nach der Vorstellung fragte sie ihn, wie ihm das Stück gefallen hätte. Doch der große Mann weigerte sich, eine Meinung zu äußern. Er wisse zuwenig über die Feinheiten der Aufführung. «Siehst du», sagte er, «ich gehe fast nie ins Kino!»

Es scheint mir deshalb ein nützliches Unternehmen zu sein, das ganze ‹Gebiet des Dramas› zu betrachten; denn wir können nur zu einer klaren Differenzierung der Merkmale kommen, die jedes einzelne Medium – Bühne, Film und Fernsehen – als spezifisch für sich reklamiert, im Gegensatz zu den weitaus zahlreicheren Aspekten, die sie gemeinsam haben, wenn wir von einem Überblick über alle Aspekte der dramatischen Aufführung ausgehen.

Ich habe es auch immer für unsinnig gehalten, daß die strenge Trennung von Bühnendrama und filmischen Medien in der Hochschulausbildung an den meisten Universitäten und Colleges zu getrennten Fachbereichen für Theater und Film geführt hat, die oft kaum miteinander kommunizieren. Dabei wäre es nur gewinnbringend für sie, ihre Erkenntnisse über im wesentlichen nah verwandte und manchmal identische Bereiche von Theorie und Praxis auszutauschen, die dann sehr viel effektiver in einem vereinigten Fachbereich der darstellenden Künste behandelt werden könnten.

Außerdem hat man in letzter Zeit wichtige neue Begriffe auf die Analyse des Dramas angewandt: auf die Art, wie es seine Wirkungen erreicht und seine Aussage transportiert. Dieser *semiotische* Ansatz ist im Grunde außerordentlich einfach und praktisch. Er fragt: Wie wird es getan? und versucht, durch Prüfung der *Zeichen*, die benutzt werden, um die gewünschte Verständigung zu erreichen, die vernünftigsten Antworten zu liefern.

Natürlich ist das nichts grundlegend Neues, außer daß das Unternehmen systematisch und methodisch ist anstatt ad hoc und ‹impressionistisch›. Als mir die Anfänge der neuen wissenschaftlichen Literatur über *Semiologie* und die *Semiotik* von Theater und Film zum erstenmal begegneten, fühlte ich mich fast wie Molières M. Jourdain, der erstaunt feststellte, daß er sein ganzes Leben lang ‹Prosa› gesprochen hatte. Denn in meiner praktischen Arbeit als Dramenregisseur waren das genau die Fragen, die mich immer beschäftigt hatten, wenn ich die unzähligen alltäglichen Entscheidungen zu treffen hatte, die die Arbeit eines Regisseurs ausmachen: Was für ein Kostüm soll diese Figur tragen? Soll sie sitzen oder stehen, während sie diese Zeilen spricht? Wenn ich diese Äußerung streiche, welcher Teil der Aussage wird verlorengehen?

Sich der dramatischen Aufführung als einer Unternehmung zu nähern, die den Gebrauch einer großen Zahl von Zeichen und Zeichensystemen umfaßt, und die Rolle genau zu klären, die jeder dieser Bestandteile dabei spielt, die endgültige Aussage der Aufführung zu schaffen, ist äußerst nützlich und hilfreich sowohl für denjenigen, der beruflich mit Drama umgeht, als auch für den Zuschauer, der sich kritisch bewußt sein möchte, was er sieht und erlebt.

Von Anfang an fielen mir aber die bedauerlich undurchsichtige

Sprache und die ausufernd abstrakte Art auf, in der die meist außerordentlich brillanten Vertreter der Semiotik ihre Erkenntnisse präsentierten. Es wirkte fast so, als hätten die praktische Anwendbarkeit und die vernünftige Konkretheit dessen, womit sie sich im wesentlichen beschäftigten, sie dazu gebracht zu versuchen, das Ganze so ‹wissenschaftlich› und ‹philosophisch› wie möglich erscheinen zu lassen. Natürlich braucht ein wissenschaftliches Thema ein präzises Vokabular. Aber wenn ich diese sehr schwierigen Texte las, war ich allzuoft gezwungen, sie in praktische Begriffe zurückzuübersetzen, nur um dann festzustellen, daß eine sehr einfache Tatsache in die komplizierteste Sprache gekleidet worden war.

Ich erinnere mich gut an eine Tagung über die Semiotik des Dramas, zu der einer der berühmtesten Regisseure eines der führenden Theater der Welt eingeladen worden war. Die versammelten Wissenschaftler hielten ihre jeweils hochintelligenten und theoretisch brillanten Vorträge und fragten den berühmten Praktiker dann gespannt, ob er Erkenntnisse für seine eigene Arbeit gewonnen habe. Sie waren tief enttäuscht, als er ihnen sagte, daß er alles für vollkommen nutzlos und undurchsichtig hielt.

Das ist wirklich bedauerlich, denke ich. Denn ein semiotischer Ansatz, vorausgesetzt, er ist in verständlicher Sprache ausgedrückt, könnte eine große Hilfe für Regisseure, Bühnen- und Kostümbildner, Schauspieler und andere sein, die beruflich mit Drama auf Bühne, Leinwand und Bildschirm umgehen. Er könnte ihnen nämlich auf der grundlegendsten Ebene mehr gedankliche Klarheit über das bringen, was sie intuitiv und instinktiv tun.

Folglich ist dies der Versuch, einen Überblick über das Gebiet des Dramas im Licht der Semiotik, aber im weitestmöglichen Bezugsrahmen zu geben in einer Form, die für diejenigen, die auf diesem Gebiet praktisch arbeiten, wie auch für das breite Publikum aller Formen von Drama leicht verständlich ist.

Ich habe soweit wie möglich versucht, das Ausufern von unverständlichem Vokabular und pseudowissenschaftlichem Jargon zu vermeiden, der dem Laien so viele nützliche Einsichten verstellt. Und ich habe immer meine praktischen Erfahrungen als Regisseur, Dramaturg und Kritiker zum Schiedsrichter gemacht, wenn es darum ging, Prinzipien oder Schlußfolgerungen zu formulieren.

Hierin, im ständigen Überprüfen der Theorie am konkreten Ergebnis, scheint mir der wahre Nutzen einer wirklich ‹wissenschaftlichen› Methodik zu liegen.

Winchelsea, Sussex   *Martin Esslin*
August 1986

Das deutsche Sprachgebiet ist nach wie vor der Mittelpunkt der theatralischen Aktivität Europas, mit einem gesicherten Netz hochsubventionierter Bühnen, die künstlerisch und technisch auf höchster Stufe stehen, und mit einem für echte Kennerschaft dramatischer Kunst offenen und vorgebildeten Publikum. Vielleicht kann die deutschsprachige Version dieses Buchs mit seinem Bemühen, das ganze Feld dramatischer Darstellung zu erfassen – also auch Film und Fernsehen in die Diskussion einzubeziehen – zur Klärung mancher Probleme beitragen.

I

Einführung

I

Drama, daran kann kein Zweifel bestehen, ist in unserer Zeit außerordentlich wichtig geworden. Mehr Menschen als jemals zuvor sehen mehr Drama als jemals zuvor und werden direkter von Drama beeinflußt, geprägt und programmiert als jemals zuvor. Drama ist eines der Hauptvehikel für Information geworden, eine der gängigsten Methoden, über das Leben und seine Situation ‹nachzudenken›.

Durch die fotografischen und elektronischen Massenmedien hat unsere Zeit eine wahre Explosion von Drama erlebt. Wo früher Bühnendrama, ‹Live-Theater›, die einzige Möglichkeit zur Übermittlung einer dramatischen Aufführung war, kann diese ihr Publikum heute auf vielen Wegen erreichen: durch Kino, Fernsehen, Videokassette, Radio, Tonkassette. Folglich hat sich im Vergleich zu früheren Zeiten nicht nur die Menge des *Publikums* für Drama geradezu astronomisch vermehrt, die tatsächliche *Quantität* produzierter dramatischer Aufführungen ist in gleichem Maße angewachsen.

Daher die immens gestiegene Wichtigkeit von Drama im Leben und in der Kultur unserer Zeit. Nie zuvor war Drama so beherrschend im Leben der überwiegenden Bevölkerung. Vorbei sind die Zeiten, als das Erleben einer dramatischen Aufführung entweder ein seltenes Feiertagsereignis, auf die sozialen Eliten der Höfe beschränkt oder nur für die wohlhabenderen Klassen in den größeren Städten verfügbar war. Drama ist eines der Hauptwerkzeuge zur Übermittlung von Ideen und, wichtiger noch, Formen menschlichen Verhaltens in unserer Zivilisation geworden. Drama liefert einige der hauptsächlichen Rollenmuster, nach denen einzelne ihre Identität und ihre Ideale formen. Es setzt Muster für Gemeinschaftsverhalten, formt Werte und Ziele und ist Teil der kollektiven Phantasievorstellungen geworden. Die Helden aus den Fernsehserien und ihre Abenteuer, die komischen Figuren der ‹situation comedy›, die mächtigen Halbgötter des Kinos haben den Platz der Helden aus Volkskultur, Folklore und Mythen früherer Zeiten eingenommen.

Mehr als je zuvor besteht daher für uns die Notwendigkeit zu verstehen, was Drama ausdrücken kann und was nicht, wie es seine Botschaften formuliert und mitteilt, welche Techniken es anwendet, um sie seinem Publikum nahezubringen, und wie dieses Publikum die *Aussage* dieser Botschaften explizit oder implizit erfassen kann, wie es sie unterbewußt aufnimmt oder bewußt versteht.

Aus diesem Grund würde es sich lohnen, im Licht der fundamentalen technologischen Veränderungen der letzten hundert Jahre sowie ihrer Auswirkungen auf traditionelle und neue Medien zur Übermittlung der dramatischen Aufführung das ganze Gebiet des Dramas zu betrachten:

Mit welchen Mitteln erzielt Drama seine Wirkung? Welche werden von den verschiedenen dramatischen Medien gemeinsam verwendet? Welche sind kennzeichnend für nur eines oder mehrere? In welcher Hinsicht unterscheiden sich die Wirkungen der unterschiedlichen dramatischen Medien auf ihr Publikum, und warum? Und wie beeinflussen sie sich gegenseitig, wie können sie voneinander lernen?

Seit man begonnen hat, theoretisch darüber nachzudenken, auf welche Art Drama seine Wirkung erzielt, hat man sich der Frage rein praktisch genähert: Aristoteles' *Poetik* (das einflußreichste theoretische Werk in der langen Geschichte des Dramas) zieht ihre Schlüsse, die häufig die Autorität unveränderbarer Regeln angenommen haben, aus Überlegungen darüber, welche Art von Handlungen, welche Art von Figuren die stärkste emotionale Wirkung auf ein Publikum haben. Die berühmten Regeln der Einheit von Zeit, Ort und Handlung leiten sich von der Annahme her, daß zum Beispiel Leute, die in einem Theater sitzen, es schwierig finden würden zu glauben, daß die Bühne im Verlauf eines einzigen Stücks, das eine Stunde dauert, mehrere verschiedene Orte darstellt, und daß sie es ebenso unmöglich finden würden, in dieser einen Stunde einer Handlung Glauben zu schenken, die sich aus Ereignissen zusammensetzt, welche über Monate oder Jahre hinweg geschehen sind, daß genaugenommen das Äußerste, was sie akzeptieren könnten, die Verdichtung der Ereignisse eines einzigen Tages in diese Stunde sei.

Unsere eigene Erfahrung hat gezeigt, daß Aristoteles' Annahmen, die die Praxis des Dramas an so vielen Orten über so lange Zeit beherrscht haben, falsch sind, soweit es um heutiges Publikum geht. Obwohl es natürlich gut sein kann, daß sie für Zuschauer in Aristoteles' Zeit vollkommen gültig waren. Wir dürfen nicht vergessen, daß menschliche Fähigkeiten sich im Lauf der Zeit verändern: Menschen können lernen, sich auf neue Arten der Wahrnehmung einzustellen, das Tempo ihrer Reaktionsfähigkeit zu erhöhen und Übung darin gewinnen, neue Sicht- und Erfahrungsweisen von Realität und Kunst zu akzeptieren. Kinder, die heutzutage aufwachsen, die im Fernsehen mehrere Stunden täglich Drama sehen, müssen notwendigerweise unendlich viel effektiver darauf konditioniert sein, dramatische Konventionen zu akzeptieren und zu verstehen, als frühere Generationen, die wahrscheinlich weit weniger Möglichkeiten hatten, dramatische Aufführungen mitzuerleben.

Wo Aristoteles' Ansatz noch auf praktischen Erwägungen basierte, da erlag die dramatische Kritik im Lauf der Zeit wiederholt der Versuchung, allzu abstrakt zu werden. Sklavisch folgte sie den Autoritäten der Vergangenheit (allen voran der zum rigiden Dogma erstarrten aristotelischen *Poetik*), viel zu getrennt von der ausübenden Kunst und, schlimmer noch, viel zu theoretisch. Zum Beispiel wurde eine Zeitlang mehr Aufmerksamkeit auf die Analyse, sagen wir, der Charaktere von Shakespeare verwendet, so als seien sie reale Personen, als auf das eher nüchterne Problem, wie Shakespeare eigentlich Charakter skizziert. Das bedeutete letzten Endes und bedeutet noch immer eine Konzentration auf den *Inhalt* von Drama (so wichtig er zweifellos ist) anstatt auf die *Mittel* und *Methoden*, mit denen Drama seinen Inhalt transportiert. Doch die Trennung zwischen Inhalt und Form ist falsch, denn

Form bestimmt Inhalt und Inhalt Form; eine Veränderung der Form ändert den Inhalt, und eine Veränderung des Inhalts erfordert eine andere Form des Ausdrucks. Eine nähere Analyse der häufig sehr nüchternen Methoden, mit denen Aussage im Drama transportiert wird, zu vernachlässigen, verhindert also ein tiefergehendes Verständnis der entscheidenden Überlegungen, auf denen wirklich aufschlußreiche – und konstruktive – Kritik basieren muß.

Alle Bestandteile einer dramatischen Aufführung – die Sprache des Dialogs, das Bühnenbild, die Gesten, Kostüme, Maske und Tonfall der Schauspieler, ebenso wie eine Vielzahl anderer Zeichen – tragen jedes auf seine eigene Art zur Schaffung der ‹Aussage› der Aufführung bei. Auf der grundlegendsten Ebene muß eine dramatische Aufführung im Prinzip als ein Prozeß angesehen werden, durch den Information über die Handlungen, die mimetisch zu reproduzieren sind, an das Publikum übermittelt wird. Jede Einzelheit der Aufführung kann als Zeichen betrachtet werden, das für einen Bestandteil der Gesamtbedeutung einer Szene, eines Vorfalls, eines Moments der Handlung steht.

Seit dem Mittelalter sind immer wieder Versuche unternommen worden, unser Verständnis davon, wie Zeichen funktionieren, zu untersuchen und zu systematisieren. In den letzten fünfzig Jahren sind diese Anstrengungen mit der Schaffung des Spezialgebiets der Semiotik intensiviert worden, dem Wissenschaftszweig, der sich mit Zeichen beschäftigt und damit, wie Zeichen in der Kommunikation zwischen Menschen benutzt werden, um Bedeutung zu transportieren.

Einige der Methoden und Hilfsmittel, die die Semiotik auch für die dramatischen Medien verfügbar gemacht hat, eröffnen uns einen realistischen, sehr praktischen und konkreten Ansatz zum Verständnis und zur kritischen Würdigung von Drama. Ein semiotischer Ansatz untersucht, mit welchen Mitteln, welchen Zeichen Drama die grundlegende Information transportiert, mit deren Hilfe die dramatische Fiktion Stück für Stück aufgebaut ist und durch die Figuren, Zeit und Ort der Handlung, und die Ereignisse, die den ‹Plot› ausmachen, skizziert werden. Ein semiotischer Ansatz kann Licht auf den Prozeß werfen, der ein Publikum dazu bringt, die Grundzüge der dramatischen Handlung, die Grundlage zu erfassen, aus der schließlich die komplexen und vielfältigen, höheren Bedeutungsebenen der Aufführung für das Publikum hervorgehen.

In den letzten Jahren haben das Interesse an der Semiotik des Theaters und die Forschung auf diesem Gebiet einen großen Aufschwung genommen, und einige Semiotiker, vor allem in Frankreich, Deutschland und Italien, haben wertvolle Arbeit geleistet. Die vorliegende Studie schlägt vor, ihre Ergebnisse zu nutzen, aber gleichzeitig einen gewissen kritischen Abstand zu ihren Methoden und Zielen zu wahren.

2

Die Semiotik des Dramas in ihrer gegenwärtigen Form entstand zu Beginn dieses Jahrhunderts aus der Arbeit der russischen Formalisten, die durch genaue Analyse der formalen Aspekte untersuchten, wie literarische Werke eigentlich ihre Wirkung erzeugen. Anhänger dieser Tendenz, größtenteils im Prag der dreißiger Jahre, begannen, diese Methode auf Drama anzuwenden. Zugleich wurden sie inspiriert von der Arbeit der beiden großen Pioniere des neuen Ansatzes, der die Basis der gegenwärtigen Entwicklung in der Semiotik ist: Ferdinand de Saussure (1857–1913), dem Vater der modernen Linguistik (dessen «Grundfragen der allgemeinen Sprachwissenschaft» aus Vorlesungsaufzeichnungen einiger seiner Schüler rekonstruiert und 1916 postum von ihnen veröffentlicht wurde), und dem großen amerikanischen Philosoph Charles S. Peirce (1839–1914).

Saussure behandelte Sprache als ein System von Zeichen, und beide, er und Peirce, wiesen darauf hin, daß die Sprache faktisch nur eines von vielen Zeichensystemen ist – Bilder, Gesten, Umgangsformen, Bewegungen und eine ganze Zahl anderer – und daß eine Analyse *aller* dieser unterschiedlichen Zeichensysteme nützlich und produktiv wäre, um zu verstehen, wie Menschen über die Welt und sich selbst kommunizieren. Das Gebiet der Analyse ist Semiologie, die Lehre von den Zeichen ist Semiotik.

Wenn wir ein Kunstwerk als einen Akt der Kommunikation zwischen Menschen betrachten, so argumentieren Semiotiker, und wenn wir den konkreten Kommunikationsprozeß analysieren, dann könnten wir, durch die Analyse dessen, was tatsächlich zwischen dem Urheber der Kommunikation und ihrem Rezipienten stattfindet, zu einer genaueren und vielleicht objektiveren Methode kommen, über Kunstwerke zu sprechen. Wenn ein Stück oder ein dramatisches Werk des Films oder Fernsehens bestimmte Wirkungen, Einsichten oder Gefühle in einem Zuschauer hervorruft: Was ist dann eigentlich geschehen? Und wie wurde es bewirkt? Welche Zeichen und Signale haben die Aussage des Werks im Bewußtsein seines Publikums hervorgerufen?

Mit der Annahme, es sei möglich, analog zur Methodik der Linguistik etwas zu produzieren, was einer exakten Wissenschaft ähnelt, einer Grammatik und Syntax der Aussage im Drama, gehen die fanatischsten Verfechter dieser Methodik auf dem Gebiet des Dramas nach meiner Meinung zu weit. Es gab eine Zeit, als einige der engagierteren Theatersemiotiker meinten, die Gesamtheit einer dramatischen Aufführung könne eingefangen werden, indem man alle einzelnen Signifikanten * der Produktion, die in jedem Moment oder jeder ‹Pause› Aussage produzieren, auflistet und so zu einer Aufzeichnung käme, die der Orchesterpartitur einer Symphonie entspräche.

Mittlerweile sind diese Versuche von einigen der ambitioniertesten und begabtesten Verfechter des Gedankens erheblich relativiert worden. Wie einer von ihnen, der brillante französische Semiotiker Patrice Pavis, es schon 1980 formuliert hat:

«Il y a a pein dix ans, il n'était pas incongru de poser la question – devenue entre temps rhétorique – de la possibilité d'une sémiologie du théâtre. C'était le temps (o nostalgie!) des raids nocturnes en territoire linguistique et du bricolage clandestin de modèles empruntés aux sciences du langage…»

[Kaum zehn Jahre ist es her, da schien es nicht widersinnig zu sein,

* Anm. d. Übers.: *Signifikant* = das Bezeichnende
im Gegensatz zum *Signifikat* = das Bezeichnete

Zeichen	Vorstellung	Bezeichnetes (Bedeutung)	Signifikat
	z.B. Lautbild	Bezeichnendes	Signifikant

die Frage – die seither rhetorisch geworden ist – nach der Möglichkeit einer Semiologie des Theaters zu stellen. Es war die Zeit (o Nostalgie!) nächtlicher Überfälle auf linguistisches Territorium und verstohlenen Herumbastelns mit geborgten Modellen aus der linguistischen Wissenschaft...][1]

Die Idee, daß Theater – und in der Erweiterung Drama – als System von Zeichen wie eine Sprache mit eigener Grammatik und Syntax mit der wissenschaftlichen Exaktheit behandelt werden könnte, mit der die Linguistik verbale Sprachen behandelt, stellte sich als irreführende Analogie heraus, einfach aufgrund der Komplexität einer dramatischen Aufführung, in deren Verlauf eine große Zahl von Signifikanten gleichzeitig auf das Publikum einstürzt, mit der zusätzlichen Schwierigkeit, daß einige davon, wie die Bestandteile des Bühnenbilds (ein Raum, seine Möbel), im Verlauf einer Szene oder eines Aktes relativ unverändert bestehenbleiben, während andere (die Modulation der Sprache, Gestik und Gesichtsausdruck der Figuren) sich von Minute zu Minute verändern. Das macht es fast unmöglich, zu einer Grundeinheit zu kommen, die der Grundbedeutungseinheit (dem *Semantem* in der Linguistik oder einem Takt in der Notation von Musik) entspricht und mit deren Hilfe die Flut von Signifikanten, die auf das Publikum einstürzen, in jedem beliebigen Moment der Aufführung aufgezeichnet werden könnten. Doch selbst dann wäre die Zahl der verschiedenen Bestandteile, die für den einzelnen Zuschauer in jedem Augenblick zur ‹Aussage› der Aufführung beitragen, so groß, daß man ziemlich unmöglich feststellen kann, welche davon er oder sie tatsächlich bewußt oder sogar unbewußt wahrnimmt und welche Wichtigkeit er oder sie ihnen in welcher Reihenfolge zuschreibt. Während ein Zuschauer in einem bestimmten Moment von einer poetischen Formulierung bezaubert ist, ist ein anderer vielleicht davon in Anspruch genommen, über das Kostüm der Schauspielerin nachzudenken, die diese Worte spricht, oder er bemerkt die Reaktion einer anderen Figur auf den gleichen Text.

Denn es ist ein Charakteristikum aller komplexen Kommunika-

1 Patrice Pavis, *Voix et Images de la Scène*. 2. Aufl. Lille: Presses Universitaires des Lille 1985, S. 9 (dt. von C. S.).

tionsmedien, daß die zahlreichen Informationen, die sie transportieren, teilweise bewußt und zur gleichen Zeit auch unbewußt aufgenommen werden. Teile von Kostüm oder Dekoration, die nicht bewußt wahrgenommen werden, können in der Vorstellung eines einzelnen Zuschauers zur Schaffung von Atmosphäre, Stimmung und anderen äußerst wichtigen Aspekten der Erfahrung beitragen. Schließlich reagieren wir in unserer Wahrnehmung von Situationen, denen wir im ‹wirklichen› Leben gegenüberstehen, auch ständig auf Bestandteile von Stimmung, Atmosphäre und anderen unbewußt aufgenommenen Eindrücken, die von den bewußt wahrgenommenen Bestandteilen unserer Erfahrung überlagert werden. Ein Raum, den wir betreten, eine Person, die wir treffen, ruft eine Reaktion hervor, die aus vielen solcher Bestandteile zusammengesetzt ist. Die Außenwelt wird von uns intuitiv, durch eine Vielzahl von Assoziationen und Konnotationen wahrgenommen, die durch unsere vergangenen Erfahrungen, Erinnerungen, Gewohnheiten und Lebensumstände bestimmt sind. Drama stellt diese Außenwelt dar und wird im großen und ganzen auf die gleiche intuitive Art wahrgenommen.

Es gibt einen zusätzlichen Umstand, der eine zu weitgehende Analogie zwischen dem Funktionieren der Sprache und dem des Theaters fragwürdig macht. In rein verbaler Kommunikation kann die Intention des Sprechers mehr oder weniger leicht ermittelt werden. Dagegen ist eine dramatische Aufführung, anders als eine linguistische Äußerung und eben auch anders als die Produkte der meisten anderen Kunstformen, niemals das Werk eines einzelnen und spiegelt niemals die Absicht eines einzelnen zu kommunizieren. Weder der Autor noch der Regisseur, wie meisterhaft ihre Anstrengungen zur Koordination der Arbeit des Teams auch immer sind, können das ganze Produkt, die endgültige Aussage der ‹Botschaft›, die den Zuschauer erreicht, vollkommen kontrollieren. Vorsätzlich oder unbeabsichtigt könnte die Arbeit, sagen wir, des Kostümbildners in dialektischem Konflikt mit, sagen wir, der des Maskenbildners stehen. Und die resultierende Konsonanz oder Dissonanz dieser Faktoren muß notwendigerweise auf verschiedene Art im Bewußtsein oder der unbewußten Wahrnehmung einzelner Zuschauer nachklingen.

Das bedeutet, daß die dramatische Aufführung, was immer ihre Urheber durch Auswahl der Aussage schaffenden Faktoren, die sie eingesetzt haben, beabsichtigten (und sie werden unausweichlich auch einige eingeschlossen haben, die sie nicht bewußt geplant hatten), mit ihrem Übermaß an Signifikanten für jeden einzelnen Zuschauer weit ‹überdeterminiert› ist. Und jeder Versuch vorherzusagen, welche ‹Aussage› die Aufführung als solche beinhaltet, ist einfach deshalb zum Scheitern verurteilt, weil diese Aussage für jeden einzelnen Zuschauer eine andere sein muß. Außerdem, wie gut alle diese Faktoren auch gestaltet sein mögen, wird ihre Effektivität von den Fähigkeiten der Truppe abhängen: Ein schlechter Schauspieler wird die Aussage seines Textes mindern.

Dies sind einige der Vorbehalte, mit denen man sich der Methodik und Gesamtheit des Wissens nähern muß, die von der Semiotik bereits verfügbar gemacht wurden. Ein anderer Aspekt des Themas ist der Wunsch einiger der Pioniere auf diesem Gebiet, ein Vokabular zu entwickeln, das Eingeweihten wie Uneingeweihten anzeigt, daß sie es mit einer exakten Wissenschaft zu tun haben. Der Jargon der Semiotik, analysiert mit den Methoden der Semiotik, deutet darauf hin: ‹Das hier ist ernsthaftes, exaktes, wissenschaftliches Zeug.› Daher erscheinen viele Einsichten, die schlichte Gemeinplätze sind, im semiotischen Jargon wie profunde und esoterische Entdeckungen in bisher unerforschten Reichen des Wissens. Nichts ist mehr dazu angetan, die wirklich nützlichen und wertvollen Einsichten der Semiotik in den Augen derer, die beruflich mit Drama umgehen, zu diskreditieren als so prätentiöser Sprachgebrauch.

Ungeachtet dieser Überlegungen liefert die Semiotik eine überaus nützliche Methode für ein besseres Verstehen der Art, wie die dramatische Aufführung ihre Mimesis menschlicher Interaktion schafft, indem sie vor ihrem Publikum ein dupliziertes, mimetisches, illusionistisches Bild der Welt in all ihrer Komplexität aufbaut.

Was also sind die Abgrenzungen des Gebiets Drama, und was ist sein eigentliches Wesen?

II

Das Gebiet des Dramas

«...Ich hab' gehört, daß schuldige Geschöpfe,
Bei einem Schauspiel sitzend, durch die Kunst
Der Bühne so getroffen worden sind
Im innersten Gemüt, daß sie sogleich
Zu ihren Missetaten sich bekannt...»

Hamlet, II/2

I

Die ‹Bühne›, das ‹Schauspiel›, die ganze Skala inszenierter Ereignisse, die unter die Beschreibung von ‹Drama› fallen, können uns nicht nur helfen, angenehm Zeit zu verbringen, sondern uns auch starke Gefühlserlebnisse verschaffen, ‹uns im innersten Gemüt treffen› und großen Einfluß auf unser Leben, unser Denken, unser Verhalten haben.

Wie, mit welchen Kunstgriffen, mit welchen Methoden übt die Bühne ihr Handwerk aus? Wie gebraucht Drama seinen Einfluß auf die Geschöpfe, die – schuldig oder unschuldig – kommen, um unterhalten oder bewegt zu werden von dem, was Hamlet eine «...bloße Dichtung...», einen «...Traum der Leidenschaft...» nennt: eine dramatische Aufführung?

Diese Frage hat die Theoretiker und Kritiker des Dramas fast drei Jahrtausende hindurch beschäftigt. Sie hat eine Vielzahl von Antworten hervorgerufen, die im Fluß der ständig wechselnden kulturellen, sozialen und technologischen Bedingungen, unter denen Drama produziert und aufgeführt wird, mehr oder weniger gültig, mehr oder weniger anwendbar sind.

Daher muß die Frage umformuliert und neu gestellt werden. Die Bedingungen, unter denen Drama gezeigt wird, sind in den letzten hundert Jahren von einer wahren Flut technologischer Erneuerungen radikal verändert worden: zunächst auf der Bühne selbst, später durch die Einführung mechanischer und elektronischer Verbreitung.

Was ist Drama, und wo sind die Grenzen seines Gebiets? Starre Definitionen von sehr variablen und sich ständig verändernden, organisch wachsenden und verfallenden menschlichen Aktivitäten dieser Art sind gefährlich. Wie Wittgenstein es formuliert:

> «...viele Wörter (haben) keine strenge Bedeutung. Aber das ist kein Mangel. Die Annahme, es wäre ein Mangel, käme der Annahme gleich, daß das Licht meiner Leselampe gar kein wirkliches Licht sei, weil es keine scharfe Umgrenzung hat.» [1]

Definitionen von Begriffen wie ‹Drama› sollten deshalb nie als normativ angesehen werden, sondern lediglich als die etwas fließenden Grenzen eines gegebenen Gebiets umreißend. Wann immer enge, normative Definitionen Drama in der Praxis beherrschten, hatten sie einen ausnahmslos verkrampfenden, abtötenden Einfluß.

Die Geschichte des Dramas (die für so lange Zeit gleichbedeutend mit der Geschichte des Theaters war) ist reich an Beispielen für solch negative Auswirkungen zu starrer Definitionen. Wie Wittgensteins Licht, so hat das Konzept von ‹Drama› einen offensichtlichen, sofort erkennbaren zentralen Kern. Dieser Kern, der, wenn er auch nicht definiert, so doch beschrieben und umschrieben werden kann, wird aber immer von Ereignissen und Aktivitäten umgeben sein, denen, obwohl sie einige seiner Charakteristika teilen, andere bis zu einem bestimmten Ausmaß fehlen werden. Also fallen Pantomime, der Zirkus, Straßentheater, Oper, Varieté, Kabarett, Happenings und Performance in die Grenzen des Dramatischen, obwohl ihnen einige der Bestandteile strengerer Definitionen von Drama fehlen. Die Grenzen des Begriffs werden immer fließend sein: Die unterschiedlichen, verwandten Gebiete werden immer dazu neigen, einander zu überlagern. Dennoch hat der Begriff einen Schwerpunkt, der seinen vielfältigen, einander über-

---

1 Ludwig Wittgenstein, *Das Blaue Buch*, in: Schriften 5. Frankfurt/M.: Suhrkamp 1970, S. 52.

lagernden Ausdrucksformen gemeinsam ist. Wie können wir ihn abgrenzen? Wir benutzen die Begriffe ‹Drama› und ‹dramatisch› in vielen Zusammenhängen: Ein Fußballspiel, ein Wettrennen, ein Aufruhr, ein Mord sind ‹dramatisch›, weil sie die Elemente der erhöhten Intensität von Ereignis und Gefühl enthalten, die zu den unentbehrlichen Bestandteilen von Drama gehören. Sie unterscheiden sich von Drama im eigentlichen Sinn darin, daß sie ‹wirklich› sind anstatt erfunden. Ist also das Element der Erfindung ein wesentlicher Bestandteil von Drama? Nur bis zu einem gewissen Grad, denn es gibt auch das ‹Dokumentarstück›, das auf ‹wirklichen› Ereignissen basiert. Hier ist bezeichnend, daß das Dokumentarstück vergangene Ereignisse ‹nachspielt›, das heißt: sie einem Publikum vorführt, als passierten sie genau in diesem Moment vor seinen Augen.

Das hebt einen der wesentlichen Aspekte von Drama hervor: den Aspekt des ‹Schauspielens›. Drama simuliert, spielt oder spielt Ereignisse nach, die in der ‹wirklichen› oder in einer erfundenen Welt stattgefunden haben oder stattgefunden haben könnten. Gemeinsam ist diesen unterschiedlichen Arten der Darstellung, daß sie alle ‹mimetische Handlung› sind.

Ein dramatischer Text ist ein Entwurf für solch eine mimetische Handlung; er selbst ist im eigentlichen Sinne noch kein Drama. Unaufgeführt ist ein dramatischer Text Literatur. Er kann als Geschichte gelesen werden. In diesem Bereich überschneiden sich die Gebiete erzählende Prosa, epische Dichtung und Drama. Was Drama von diesen Arten der Dichtung unterscheidet, ist genau das Moment der Aufführung, der *Darstellung*. Wenn Dickens aus seinen Romanen vorlas, dann stellte er sie in gewisser Hinsicht dar und verwandelte sie so in Drama. Zweifellos lief die stimmliche Charakterisierung seiner verrückten und in hohem Maße individualisierten Figuren auf ‹Schauspielen› hinaus. Und was die rein erzählerischen, beschreibenden, dialogfreien Teile des Textes angeht: Wenn Dickens diese Passagen las, mit sehr gefühlvoller und subtil differenzierender Stimme Atmosphäre und Szenerie ausmalte, war er dennoch Schauspieler. Er spielte die Rolle der Figur ‹Charles Dickens›, den zwanghaften Geschichtenerzähler; spielte einen Besessenen, der wie der klassische Seemann seinen Zuhörer packt und ihn nicht mehr entkommen läßt, bis er seine Geschichte erzählt hat. Solche in der Rolle dargestellten Erzählungen waren schon immer ein wesentlicher Bestandteil von Drama. Auch die Boten der griechischen Tragödie erzählten die Ereignisse im Grunde nur wie ein Romanschriftsteller, allerdings ‹in der Rolle›. Und tatsächlich gab der Sänger, der seine Heldendichtungen am Tisch homerischer Herrscher (einschließlich Homer persönlich, natürlich) sang, eine dramatische Aufführung. Aus solchen dargestellten epischen Erzählungen, die in chorische, religiöse Gesänge eingefügt waren, scheint das eigentliche Drama im alten Griechenland hervorgegangen zu sein und sich entwickelt zu haben.

Dramatisches Lesen erzählender Texte ist in unserer Zeit im Radio und durch Tonkassetten (sog. Hörbücher) wieder aufgekommen. Und wahrscheinlich ist die dargestellte Aufführung erzählerischen Materials auf der Bühne unter dem Einfluß solcher dramatischen Lesungen im Radio populär geworden und hat sich weit verbreitet. Unter diese Überschrift fallen die amerikanischen Formen des ‹story theatre›* genauso wie die zahlreichen Soloabende von berühmten Schauspielern mit Erzählungen, Tagebüchern oder Briefen von Schriftstellern. Emlyn Williams stellte den aus seinen Erzählungen lesenden Dickens dar. Roy Dotrice verwandelte Aubreys *Brief lives* in eine Charakterstudie dieses schrulligen, alten Exzentrikers, der seine Anekdoten erzählt. Das Genre ist mittlerweile überall zu finden. Das zeigt den grundlegenden Unterschied zwischen dem erzählenden und dem dramatischen Modus: Das Erzählerische wird in gelesener Form als in der *Vergangenheit* liegend wahrgenommen, das Dramatische, wie Goethe und Schiller es in ihrer klassischen Diskussion des Themas hervorgehoben haben, schafft eine ewige *Gegenwart*. In diesem Fall wird ein Erzähler im Raum, der seine Geschichte hier und jetzt erzählt, sich darstellt, eine Figur.

Auch im modernen Roman, wo der allwissende Erzähler durch eine individualisierte Figur ersetzt worden ist, die die Geschichte

---

* *Story theatre* – eine in den Vereinigten Staaten populäre Form, Märchen und anderes erzähltes Material in dramatischer Form zu rezitieren, indem ein oder mehrere Schauspieler den Text mit Gesten und Charakterisierung der Stimmen vortragen (M. E.).

aus ihrer Sicht erzählt, ist die Trennungslinie zwischen dramatischem Text und erzählerischer Prosa dünn geworden. Becketts ‹Romane› sind in Wahrheit dramatische Monologe, die sich nur sehr wenig von den dramatischen Monologen unterscheiden, die als seine ‹Stücke› veröffentlicht werden. Man kann sie aufführen, ohne die Worte zu verändern.

Am anderen Ende des Spektrums steht der Roman, der hauptsächlich aus Dialogen zusammengesetzt ist und den Erzähler auf ein Minimum reduziert, wie in der Arbeit von Ivy Compton-Burnett. Romane dieser Art können mit minimalen Textänderungen auch ‹aufgeführt› werden.

Wenn wir uns der fließenden Grenze zwischen erzählender Prosa und Drama aus der entgegengesetzten Richtung nähern, dann begegnet uns Brechts «episches Theater», das die Loslösung, die kritische, ‹historische› Sicht des epischen Gedichts und des Romans auf dramatische Aufführung überträgt, so daß das Publikum befähigt wird, die Handlung mit Abstand, mit dem distanzierten, analytischen Auge und dem kritischen Geist des Lesers eines Romans oder eines historischen Berichts zu sehen, so als würde sie *nicht* ‹hier und jetzt› geschehen, sondern ‹dort und damals›.

Wenn die Grenzen zwischen Dichtung und ‹Mimesis› fließend sind, dann trifft das auch für das andere Ende des Spektrums zu, das der nicht erfundenen ‹Handlungen› oder ‹Ereignisse›: Die *trionfi* der Renaissance, die kunstvollen Corpus-Christi-Prozessionen in Bayern, Österreich oder Belgien, die mit riesigen Puppen durch die Straßen ziehen (was von Peter Schumanns «Bread and Puppet theatre» aufgegriffen wurde), Karneval-Prozessionen und Paraden mit Festwagen, auf denen Szenen und Persönlichkeiten dargestellt sind, historische Umzüge, Maskenbälle, auf denen Menschen sich als nubische Sklaven oder Piraten kostümieren, der Zirkus mit Tierdressuren, Jongleuren, Hochseil- und Trapezartisten und Clowns, Glitzer und Kostüm erregen alle ähnlich intensive Gefühle wie das strenger definierte Drama. Umzüge aller Art sind mit dem äußerst dramatischen Element des *Spektakels* verbunden. Die Militärparade oder die religiöse Prozession betrachtet man mit Ehrfurcht und Staunen. Prächtige Uniformen, aufsehenerregende Gewänder teilen mit ‹echtem› Drama das Element des Kostüms und das spektakuläre Arrangement von Figuren. Auch religiöse Prozessionen und die *trionfi* benutzten ‹Festwagen›, die man als mobile Bühnen betrachten kann, auf denen ‹Tableaus› mythologischer oder religiöser Figuren ausgestellt wurden (wie bei den heutigen Karnevalsprozessionen oder der Lord Mayor's parade * in London). Maskenbälle werden oft in Sälen abgehalten, die in kunstvolle Bühnenbilder verwandelt worden sind, und die Teilnehmer sind nicht nur als ‹Figuren› kostümiert, sie möchten auch Dialoge und Handlungen, die zu ihrem Aufzug passen, improvisieren, mit anderen Worten, sich in ‹Schauspieler› verwandeln. Zirkusartisten (so wie Voltigeure, Jongleure, Trapezartisten, Akrobaten, Seiltänzer) erscheinen nicht als ‹erfundene› Figuren, trotzdem machen ihre glitzernden Kostüme sie zu Phantasiegestalten. Man darf auch nicht vergessen, daß das Ausstellen körperlicher Fähigkeiten und körperlicher Schönheit ein wichtiger Bestandteil der dramatischen Aufführung selbst ist. Große Schauspieler zeichnen sich oft ebenso durch ihre Schönheit und überragendes körperliches Können aus wie durch andere Qualitäten.

(Tatsächlich haben sich Zirkus und Theater häufig überschnitten. Die englische Pantomime schließt Jongleure und andere zirkusähnliche Elemente mit ein; Theaterstücke und Filme haben gelegentlich auf den spektakulären Kunststücken dressierter Tiere aufgebaut: Goethe gab 1817 seinen Posten als Direktor des Weimarer Theaters unter Protest auf, weil der Hof darauf bestand, daß er ein Stück mit einem dressierten Pudel [2] auf den Spielplan setze, einen Vorläufer von Rin-Tin-Tin und Lassie im Kino. Viele der Zugnummern des frühen Films beruhten auf den wirklich oder scheinbar gefährlichen Kunststücken von wagemutigen Zureitern und Schauspielern, die von fahrenden Zügen sprangen oder wie Harold Lloyd an Wolkenkratzern hingen.)

Zeitgenössisch avantgardistische Performancekunst, ‹environ-

---

2 Das Stück war ein französischer Thriller *Der Hund des Aubri de Mont-Didier*, mit dem der Wiener Schauspieler Karsten durch Deutschland reiste. Siehe: Marvin Carlson, *Goethe and the Weimar Theatre*. Ithaca/London: Cornell University Press 1978, S. 288ff.

* Umzug anläßlich der jährlichen Wahl des Oberbürgermeisters am 2. Sonnabend im November (Anm. d. Übers.).

mental theatre›*, Happenings und vergleichbare experimentelle Arbeiten schöpfen in vieler Hinsicht aus diesen Traditionen der Festumzüge. Zwar bleiben die Darsteller hier allzuoft sie selbst oder unternehmen nichts, um sich in erfundene Figuren zu verwandeln; trotzdem sind die ‹Bilder›, die sie schaffen, oder die Art und Weise, wie sie das Publikum zu Teilnehmern des improvisierten Dialogs machen, deutlich innerhalb der Grenzen des ‹Dramatischen›. Man muß in diesem Zusammenhang nur das «Living Theatre» der 60er und 70er Jahre, Robert Wilson, Ariane Mnouchkine und Luca Ronconi erwähnen.

An einer weiteren Grenze zum Gebiet des Dramas gibt es die hoch ritualisierten, spektakulären Zeremonien mit Königen und Königinnen und anderen politischen Galionsfiguren wie «Trooping of the Colour» ** in Großbritannien, die gewaltigen Militärparaden vor Lenins Grab und den Amtsantritt des Präsidenten der Vereinigten Staaten.

Einerseits haben das weite Gebiet des Dramas und das ähnliche, genauso große Gebiet des religiösen Rituals (das historisch den Ursprüngen des Dramas so eng verwandt ist) dieselben Grenzen, andererseits überschneiden sie sich. Das religiöse Ritual schließt teilweise nicht nur spektakuläre ‹Handlungen›, sondern auch ein stark ‹mimetisches› Element ein wie das Nachspielen des archetypischen Umgehens von Christus mit Brot und Wein in einer Reihe mehr oder weniger symbolischer Formen in der Eucharistie. Wenn wir von diesen Grenzen des Begriffs zu seinem zentralen Kern zurückkehren, dann können wir ihn vielleicht zusammenfassen als: mimetische Handlung im Sinne des Nachspielens ‹wirklicher› oder erfundener Ereignisse, die mit Handlungen und Interaktion von Menschen, echten oder simulierten (zum Beispiel Puppen oder Zeichentrickfiguren), verbunden ist und vor einem Publikum stattfindet, als geschahe sie genau in diesem Moment.

---

* *Environmental theatre* – eine Aufführungsform, in der Bühne und Zuschauerraum nicht voneinander getrennt sind, der ganze Raum in den Schauplatz verwandelt ist und die Schauspieler inmitten des Publikums agieren – z. B. Ariane Mnouchkines «1789» (M. E.).

** Parade der Garde anläßlich der Geburtstagsfeier der englischen Königin (Anm. d. Übers.).

Das Publikum ist hier ein wesentlicher Bestandteil. Sogar eine Probe hat ein Publikum: den Regisseur oder eben die Schauspieler, die die Entwicklung und Wirkung ihrer eigenen Aufführung beobachten, um sie weiter zu formen oder zu verbessern.

Der Künstler, der die mimetische Handlung vollzieht, der Schauspieler also, steht im Zentrum der Kunst des Dramas. Die Kunstform, die wirklich spezifisch für Drama ist, ist die Kunst der Darstellung. Aber Drama kann auch alle anderen Künste einsetzen: Malerei, Bildhauerei und Architektur, um die Umgebung abzubilden, Musik, um für Stimmung, für Rhythmus zu sorgen und auch um die Gebräuchlichkeit von Musik darzustellen (Menschen, die, im Kontext der dargestellten Welt, singend oder tanzend gezeigt werden), und natürlich ‹Literatur› im weitesten Sinne als verbales Element. Indem es die anderen Künste heranzieht und sie zu einem neuen Ganzen vereinigt, ist Drama die hybrideste (wenn wir es puristisch betrachten) oder die vollkommenste Synthese aller Künste – das, was Richard Wagner das Gesamtkunstwerk nannte.

Wo also sind die Grenzen des Gebietes Drama?

2

Die gefilmte Version eines Bühnenstücks, ob von Pinter oder Shakespeare, ist selbstverständlich immer noch Drama. Aber ist ein Film, der auf einem Originaldrehbuch basiert, Drama? Oder ein Sketch im Fernsehen? Oder der Zirkus? Ist ein Musical Drama? Und wenn ja, ist Oper Drama? Oder Ballett? Oder das Puppentheater? Ich persönlich bin überzeugt davon, daß alle diese verschiedenen Formen von ‹Kunst› oder ‹Unterhaltung› ihrem Wesen nach Drama *sind*, zumindest einen wesentlichen Bestandteil des ‹Dramatischen› enthalten.

Drama ist unter den abbildenden Künsten einzigartig, weil es die ‹Wirklichkeit› darstellt, indem es wirkliche Menschen und oft auch wirkliche Gegenstände benutzt, um sein erfundenes Universum zu schaffen. Ein erfundener junger Mann – sagen wir Romeo – wird von einem ‹wirklichen› jungen Mann verkörpert. Ein erfundener

Stuhl im Haus von John Gabriel Borkman oder im Palast von Helsingör wird von einem Stuhl dargestellt, den Sie in Ihrem eigenen Haus haben könnten. In dieser Hinsicht erscheinen Menschen als Objekte im Bild: Auf einem Gemälde würde ein Stuhl ebenso wie der junge Mann mit Namen Hamlet durch Pinselstriche auf der Leinwand dargestellt werden. In einem Werk der literarischen Dichtung würden beide durch Worte dargestellt, die als schwarze Abdrücke auf weißem Papier erscheinen. Im Drama wird Dichtung geschaffen, indem ‹wirkliche› Menschen, ‹wirkliche› Gegenstände benutzt werden, um die Illusion einer erfundenen Welt hervorzurufen. Aber diese wirklichen Elemente können mit jedem vorstellbaren Mittel kombiniert werden, um Illusion zu schaffen. Der Platz in Verona (auf dem ein wirklicher junger Mann, der den erfundenen Romeo darstellt, gekleidet in ‹wirkliche Kleider› ein ‹wirkliches› Schwert benutzt, um mit einem anderen ‹wirklichen› jungen Mann zu kämpfen, der den erfundenen Tybalt darstellt) könnte durch einen gemalten Prospekt dargestellt werden. Wenn wir auf der anderen Seite an eine gefilmte Version von *Romeo und Julia* denken, könnte dieser Platz in Verona durch eine Rückprojektion dargestellt werden, die auf eine Leinwand geworfen das fotografische Bild einer wirklichen Piazza in Verona ergibt...

Denn wenn mein Abriß der wesentlichen Punkte des Begriffs Drama stimmt, ist eine verfilmte Version von Romeo und Julia immer noch Drama, und daher muß Film über erfundene Themen auch unter die generelle Kategorie der dramatischen Kunst fallen. Und wenn es eine Fernsehversion von *Romeo und Julia* gibt, ist selbstverständlich auch sie ein Beispiel dramatischer Kunst, wie andersartig die spezifischen Techniken und Technologien dieses speziellen Übermittlungsmediums auch sein mögen.

Um gedanklich genau nachvollziehen zu können, wie Drama in allen seinen unterschiedlichen Übermittlungsmedien arbeitet, scheint mir die Fähigkeit wichtig, die Hauptthemen zu erkennen, die im Bühnen-, Film-, Fernseh- (und vielleicht Radio-)Drama vorhanden sind, damit man die technischen, technologischen und psychologischen Unterschiede untersuchen kann, die sich aus den verschiedenen Methoden, solche grundlegend dramatischen Themen zu transportieren, für ihre Rezipienten, das Publikum von Bühne, Film, Fernsehen (und vielleicht Radio [3]), ergeben.

Das mag den Puristen des Films, die immer noch auf der totalen Verschiedenartigkeit der ‹siebenten Kunst› von allen anderen und insbesondere von Theater bestehen, als empörende Ketzerei erscheinen. Daß das Theater (live, Drama auf der Bühne) *sui generis* ist und sich in vielen seiner Methoden vom Film (und von den filmischen Formen des Fernsehens) unterscheidet, daran besteht natürlich kein Zweifel. Dennoch erscheint mir genausowenig Zweifel daran zu bestehen, daß beiden gemeinsam eine Basis zugrunde liegt, die des *Dramas*.

Das wird mehr oder weniger explizit – und oft nur implizit – heute von den meisten ernstzunehmenden Theoretikern und Filmkritikern anerkannt, obwohl sie Filmkritik in der Praxis als ein vollkommen gesondertes Gebiet mit eigenem Vokabular und begriff-

---

3 Obwohl Hörspiel zweifellos auch Drama ist, habe ich Radio in Klammern gesetzt, weil es einige paradoxe und komplexe Merkmale hat. Offensichtlich ist auch Hörspiel mimetische Handlung. Es wird von Schauspielern gespielt, die genauso fähig und in einiger Hinsicht sogar fähiger sind als die Schauspieler im Film, Fernsehen oder auf der Bühne. Und wenn, wie das in der nachfolgenden Erörterung deutlich werden wird, Drama sich in Raum und Zeit entwickelt, dann tut Hörspiel das auch. Die Akustik, in der die Handlung stattfindet, und die Perspektive, die im Hörspiel dadurch entsteht, daß die Stimmen – und folglich die Zuhörer – sich in unterschiedlichen Entfernungen und Winkeln zum Mikrophon befinden, beinhaltet auch eine außerordentlich starke räumliche Suggestion. Was dem Hörspiel fehlt, ist eine ‹visuelle› Dimension. Obwohl Experimente mit Zuhörern von Hörspiel gezeigt haben, daß sogar diese Dimension vorhanden ist, einfach weil die Aufführung in Zeit und akustischem Raum sehr stark bildliche Vorstellungen heraufbeschwört. Man hat argumentiert, daß Hörspiel in dieser Hinsicht sogar noch zufriedenstellender ist als solche Formen des Dramas, die greifbare Bilder enthalten. Wenn die Heldin eines Stücks als die schönste Frau, die je gelebt hat, beschrieben wird, produziert jeder Zuhörer sein eigenes Idealbild – was keine körperlich anwesende Schauspielerin für alle Zuschauer sein könnte. Ähnlich kann das Geräusch einer Schlacht bildliche Vorstellungen im Geist des Hörers hervorrufen, die zufriedenstellender sind als die spektakulärste Filmszene.

Obwohl viele der visuellen Aspekte des Dramas auch im Radio vorhanden sind, könnte seine Einbeziehung in die Diskussion der visuellen Aspekte des Dramas auf Bühne und Leinwand die Dinge unnötig komplizieren. Daher habe ich mich dafür entschieden, Hörspiel aus dem Gesamtzusammenhang des Buchs auszuschließen. Leser, die an dieser Form von Drama interessiert sind, können seine Schlußfolgerungen ‹mutatis mutandis› darauf anwenden.

lichen Apparat behandeln. Die in diesem Buch aufgestellte Behauptung ist, daß diese Trennung mittlerweile etwas von einem Anachronismus hat und scharfe kritische Überlegungen zu der beachtlichen Zahl von wesentlichen und fundamentalen Aspekten behindert, die die dramatischen Medien gemeinsam haben.

Historisch entspringt das von Anfang an vorhandene Beharren der ernstzunehmenden Filmkritik auf der Andersartigkeit von Film als Kunstform natürlich aus der Ablehnung der ursprünglich naiven Annahme seitens der frühesten Filmverleiher (und Produzenten), der Film sei wie der Phonograph ein rein mechanisches Werkzeug zur Reproduktion (und, wie er es auch war, zur ‹Konservierung›) von Theateraufführungen. Die Pioniere der Filmästhetik betonten daher zunehmend die profunden Unterschiede zwischen Theater und Film und bestanden auf den erzählerischen, epischen Qualitäten von Film, die ihn der Novelle ähnlicher machten als dem Drama im Theater, und vor allem auf seiner andersartigen ‹Sprache› aus Montage, Schnitt, Schwenks, Kamerafahrten etc. Das führte natürlich in den anspruchsvolleren Gebieten von Filmästhetik und Filmkritik zu einer nahezu völligen Vernachlässigung solcher Qualitäten wie dem sprachlichen Niveau des Dialogs, der Mitwirkung von Schauspielern (da die emotionale Wirkung der Darstellung durch Montage manipuliert werden kann), Szenen- und Kostümbildnern etc. Diese Trennung wurde in der Terminologie der Filmästhetik bewahrt durch die Gliederung in ‹In-Szenierung› (d. h. das Schauspiel, das gefilmt wurde) und ‹Filmregie› (d. h. die Art, wie der Regisseur entschied, das Schauspiel zu filmen und die Fragmente zu einer bedeutungsvollen Sequenz zusammenzufügen).

Die Kritik aller Aspekte des Inszenierens wurde so zu einem vernachlässigten Stiefkind der Filmästhetik. Die großen Pioniere auf diesem Gebiet, Arnheim, Eisenstein und Kracauer, konzentrierten sich auf die spezifischen Qualitäten von Fotografie, Montage, Blickwinkel etc., und ihre Nachfolger tendierten und tendieren immer noch dazu, sich mit den spezifisch filmischen Elementen auseinanderzusetzen, was faktisch oft ausschließlich die Arbeit des Regisseurs als den führenden Einfluß auf die Auswahl der Einstellungen und letztendlich ihre endgültige Zusammenstellung zu einer Sequenz meint. Daher die Entwicklung der ‹Autorentheorie› des

Films, die den Regisseur auf die Position des ‹alleinigen Erzeugers› seines Films erhebt, eine Theorie, die offensichtlich viele entscheidende Elemente der praktischen, finanziellen und soziologischen Infrastruktur gegenwärtiger Filmproduktion vernachlässigt. Wie stark der Einfluß des Regisseurs auf die Wahl des Themas, die Besetzung oder das Drehbuch auch ist, der Produzent, der Kameramann, die Schauspieler, die Szenen-, Kostüm- und Maskenbildner, die Drehbuchautoren und eine ganze Schar von anderen kreativ und praktisch Mitwirkenden haben zweifellos entscheidenden Anteil am kollektiven Endprodukt: dem fertigen Film. Und die Beiträge vieler dieser Mitarbeiter fallen in einen Bereich, den sie mit anderen dramatischen Medien teilen: Darstellung, Kostüm, Requisite, Möbelentwurf, Maske, Musik, Dialog, Tanz etc.

Genaues Lesen der Arbeiten der herausragenden Kritiker auf diesem Gebiet wie Metz, Mitry, Bazin zeigt, daß sie tatsächlich implizit die zugrunde liegende Kategorie des ‹Dramatischen› erkennen, die das letzte Ziel der ganzen Unternehmung ist, einen Film für ein Publikum zu machen: das Hervorrufen von Lachen, Mitleid und Furcht, Anteilnahme, nachempfindendes Erleben der breiten Skala von Gefühlen und Empfindungen und der endgültigen ‹Katharsis›, von der Aristoteles in seiner *Poetik* sprach.

In seinen wichtigen Artikeln über «Theater und Kino» (1951) spricht der Doyen der modernen Filmkritik André Bazin zum Beispiel über die Bedeutung früher Slapstickkomödien im Film:

> «...die Renaissance praktisch verschollener dramatischer Gattungen (...), wie es die Farce und die *commedia dell'arte* sind. Bestimmte dramatische Situationen, bestimmte durch den Zeitablauf degenerierte Techniken haben im Film den soziologischen Nährboden, den sie brauchen, und mehr noch die Bedingungen für eine vollkommene Entfaltung ihrer Ästhetik wiedergefunden, die die Bühne von Anfang an verkümmern ließ.» [4]

Mit noch größerer Deutlichkeit spricht Bazin in demselben wichtigen Essay von dem «dramatischen Element» als «austauschbar zwischen den Künsten». [5]

4 André Bazin, *Was ist Kino? Bausteine zur Theorie des Films*. Köln: DuMont 1975, S. 107.
5 Ebenda, S. 102.

Es scheint also richtig zu sein, die Mittel zu beschreiben, die allen dramatischen Medien gemein sind, mit denen sie ihre besonderen ‹dramatischen› Wirkungen erzielen: solche Wirkungen, die sich aus der Mimesis menschlicher Interaktion herleiten mittels ihrer Verkörperung durch Menschen, die die Identität von (erfundenen oder wirklichen, aber ‹historischen›) Menschen angenommen haben und die diese Interaktion einem Publikum zeigen, als würde sie in gerade diesem Moment vor seinen Augen stattfinden.

Eine solche Untersuchung der Ausdrucksmittel (also der Sprache der Zeichen, die verwendet werden, um die Handlung und die ‹Grammatik› dieser ‹Sprache› zu transportieren), die von allen dramatischen Medien benutzt werden, würde es auch einfacher machen, zu diskutieren und zu bestimmen, in welcher Hinsicht die dramatischen Medien voneinander abweichen, das heißt: welche Elemente ihrer Sprache sie *nicht* mit einem oder vielen anderen teilen und welche daher ihre Eigenart ausmachen.

Mit anderen Worten: Ein Studium der Funktionsweise von Drama, das von seinem zentralen Kern ausgeht (also allen Ausdrucksmitteln, die von den verschiedenen dramatischen Medien benutzt werden) und sich dann vom gemeinsamen Kern aus in divergierenden Richtungen nach außen bewegt zu den spezifischen Funktionsweisen, die nur einem oder zweien eigen sind, könnte erheblich dazu beitragen, den Prozeß rationaler Kritik des ganzen Gebiets genauso wie seine Unterteilungen zu klären.

Unabhängig von allen anderen Überlegungen könnte ein solcher Ansatz einen wichtigen Einfluß auf die Art und Weise haben, in der Drama in der *Theorie* gelehrt wird, und auf die Art, wie seine *Praktiker* in der Technik ihres Handwerks unterrichtet werden. Die ausschließliche Konzentration auf Bühnendrama in den Fachbereichen für Drama der Universitäten und besonders auf die geschriebenen Texte von Stücken scheint mir ein Relikt aus der Vergangenheit zu sein, als das ‹Live-Theater› jahrhundertelang wirklich das einzige Medium zur Übermittlung von Drama war. Und genauso neigen die Fachbereiche für Film an Colleges, Universitäten und praktischen Filmschulen dazu, viele der grundlegenden dramatischen Elemente des Films zu vernachlässigen.

Doch in der Realität haben die Praktiker des Dramas nie diese strengen Unterscheidungen gemacht, und sie tun es auch heute nicht. Chaplin, Keaton, W. C. Fields und die Marx Brothers kamen vom Varieté und Vaudeville (zweifellos Zweige des populären Theaters), Orson Welles vom Avantgarde-Theater. Artaud hatte Ambitionen als Drehbuchautor. Cocteau schrieb Bühnenstücke und Ballette ebenso, wie er Filme schrieb und in Filmen Regie führte. Laurence Olivier begann als Mann der Bühne wie viele andere der besten Filmschauspieler. Samuel Beckett schreibt Fernseh- und Hörspiele. Bertolt Brecht arbeitete als Drehbuchautor in Hollywood. Harold Pinter ist einer der besten Drehbuchautoren und Hörspieldramatiker der Welt. Einer von Ingmar Bergmans bedeutendsten Filmen, *Das siebente Siegel,* war die Adaption eines Hörspiels, das er geschrieben hatte. Rainer Werner Fassbinder pendelte zwischen Schreiben und Regieführen, zwischen Münchner Kellertheatern und Millionendollarfilmen hin und her. Die gleichen Texte erscheinen, mehr oder weniger leicht bearbeitet, in allen dramatischen Medien. Viele führende Schauspieler sind mehr oder weniger in allen berühmt. Viele der besten Regisseure, Bühnen- und Kostümbildner arbeiten im Theater, beim Film und Fernsehen und können ohne größere Schwierigkeiten von einem zum anderen wechseln. – Nach meiner Erfahrung betrachten sie ihre Arbeit in den verschiedenen dramatischen Medien im wesentlichen als die Ausübung einer einzigen Fertigkeit, die ohne weiteres an die spezifischen Unterschiede und Erfordernisse der verschiedenen Medien angepaßt werden kann.

III

Das Wesen des Dramas

I

Als Lessing, der große deutsche Kritiker und Theoretiker, in seiner berühmten Abhandlung *Laokoon* den Unterschied zwischen Dichtung und bildender Kunst zu definieren versuchte, indem er zeigte, wie ein und dasselbe Ereignis in einem Epos und in einer berühmten Skulptur behandelt wird, definierte er die bildende Kunst als im Raum stattfindend, ohne Ausdehnung in der Zeit, während das Epos sich allein in der Zeit bewegt ohne irgendeine räumliche Ausdehnung.

Drama, ‹mimetische Handlung, die sich in der Gegenwart entwickelt und in Gegenwart, vor den Augen eines Publikums, erfundene oder wirkliche, vergangene Ereignisse darstellt›, ist insofern einzigartig, als es die Charakteristika epischer Dichtung und bildender Kunst vereint: Es hat eine räumliche wie eine zeitliche Dimension. Es ist eine sichtbar gemachte Erzählung, ein Bild, dem die Kraft gegeben wurde, sich in der Zeit zu bewegen.

Der verbale Anteil des dramatischen Ereignisses, sofern er vorhanden ist, schreitet voran, linear im Lauf der Zeit, ein Wort nach dem anderen wie ein Text, den ein Leser von einer gedruckten Seite aufnimmt. Aber zur gleichen Zeit sind die Zuschauer einer dramatischen Aufführung ständig mit einem vieldimensionalen räumlichen *Bild* konfrontiert, das ihnen in jedem Augenblick eine große Zahl von Informationen bietet, die simultan wahrgenommen werden und sich mit dieser linearen Achse überschneiden. Der Zuschauer muß also, wenn er sich vollkommen bewußt werden oder beschreiben will, was er oder sie sinnlich spontan registriert hat, das Gesamtbild in einzelne Teile der vorhandenen Information aufspalten und den vieldimensionalen, unmittelbaren Eindruck in eine lineare Reihenfolge einzelner Bestandteile umwandeln.

Um das zu illustrieren, lassen Sie uns ein einfaches Beispiel aus einem Bereich außerhalb der dramatischen Aufführung betrachten: Wenn Sie einen Wetterbericht in einer Zeitung lesen, der sagt: «Morgen wird es regnen», dann bekommen Sie eine einzelne Information und nichts weiter. Wenn Sie denselben Wetterbericht im Radio hören, werden Sie zusätzlich auf die Stimmqualität des Ansagers aufmerksam gemacht – männlich, weiblich, tief oder sehr hoch – und auf seinen Tonfall: Der Ansager kann über diese Information fröhlich klingen oder niedergeschlagen.

Aber wenn Sie diesen selben Bericht im Fernsehen von einem Ansager oder einem Meteorologen oder einer Meteorologin erhalten, dann bekommen Sie nicht nur all die zusätzlichen Informationen, die das Radio transportiert, sondern unabhängig von der Tatsache, daß es morgen regnet, wird die Tatsache bewußt gemacht, daß der (männliche) Ansager heute eine blaue Krawatte trägt. Sie werden auch darauf aufmerksam gemacht, daß er müde aussieht (vielleicht hat er einen Kater?). Sie bekommen möglicherweise die Information, daß ein Knopf an seinem Jackett fehlt oder das Studio eine grüne Tapete hat – und so weiter und so weiter. Im gleichen Augenblick können Dutzende und sogar Hunderte von Einzelinformationen in diesem Bild sein. Ich habe, da Sie dies gedruckt lesen, das Bild oder wenigstens einen Teil davon in eine Reihenfolge aufgelöst und einige der enthaltenen ‹Teilchen› von Informationen nacheinander aufgezählt. Natürlich gibt es in dem Bild, das der Zuschauer spontan aufgenommen hat, viele, viele mehr, die aufgezählt werden könnten.

Audiovisuelle Bilder dieser Art erreichen Sie in jeder Sekunde einer dramatischen Aufführung, und in jeder Sekunde enthält das Bild auf der Bühne oder der Leinwand eine ungeheure Menge von Einzelheiten, ‹Teilchen› von Information. Folglich können wir sagen, daß Drama auf der Bühne und auf der Leinwand in jedem Moment eine fast unerschöpfliche Menge von Information und Aussage vieldimensional übermittelt. Einiges davon wird vom Zuschauer bewußt aufgenommen, andere Einzelinformationen werden unterschwellig wahrgenommen und werden seine oder ihre unterbewußte Reaktion auf die Szene beeinflussen, andere bleiben möglicherweise ziemlich unbemerkt und daher unwirksam.

Für jeden einzelnen Zuschauer wird diese Wirkung des Bildes in jedem Moment eine andere sein, einfach deshalb, weil verschiedene Menschen verschiedene Dinge in verschiedener Reihenfolge bemerken. Selbstverständlich tun der Autor, der Regisseur, der Bühnen- und Kostümbildner, die Schauspieler und alle anderen Künstler, die daran arbeiten, das Bild zu schaffen, ihr Bestes, um die Aufmerksamkeit des Publikums in jedem Augenblick auf die Bestandteile der Szene zu konzentrieren, die am wichtigsten sind. Das wird durch das Arrangement der Figuren erreicht: Julia im Scheinwerferlicht, hoch oben auf dem Balkon, so daß jeder ihr seine Aufmerksamkeit zuwendet. Aber selbst wenn es die Aufführung erreicht, die Aufmerksamkeit der Zuschauer zu diesem Zeitpunkt auf den gewünschten Ort zu lenken, bleibt die Tatsache bestehen, daß das Bild, das dem Publikum in jedem Bruchteil einer Sekunde visuell vermittelt wird, eine große Zahl von verschiedenen Zeichen enthält: Einzelheiten, die Teilchen von Information und Aussage tragen (das, was die Semiotiker ‹Signifikanten› nennen). Jedes dieser Zeichen trägt zur ‹Aussage› der Aufführung bei.

2

Der Raum der Aufführung – sei es die Bühne des Theaters oder die Filmleinwand oder der Bildschirm – hat einen entscheidenden und wirklich wesentlichen Aspekt: Durch seine bloße Existenz *ruft er Bedeutung hervor*. Er verwandelt die einfachsten und alltäglichsten Kleinigkeiten des Daseins in Träger von Bedeutung. Hängen Sie einen leeren Rahmen an eine Wand, und die Beschaffenheit der Wand, die kleinen Kleckse oder Schmutzflecken werden bedeutsam, sie verwandeln sich in eine Art abstraktes Gemälde. Innerhalb des Rahmens wird alles bedeutsam. Die Bühne, die Filmleinwand, die Fernsehröhre sind solche Rahmen.

Marcel Duchamp benutzte diese magische Qualität der Bühne, als er ein Urinal auf einen Sockel setzte und es in einer Kunstgalerie ausstellte. Alles, was auf einer Bühne oder einer Leinwand wahrgenommen wird, erklärt sich durch diese bloße Tatsache als ausgestellt und bedeutungsschwanger: Im täglichen Gebrauch betrachtet man ein Urinal nicht als bemerkenswerte Form. Erst daß es auf einen Sockel gestellt wird, macht es als vielleicht schöne, vielleicht häßliche, aber sicherlich *bedeutsame* formale Struktur sichtbar, die Aufmerksamkeit verlangt. Jeder, der einmal die Erfahrung macht, auf eine Bühne zu treten, wenn auch nur in einem leeren Theater, wo er herumgeführt wird, erlebt dieses merkwürdige Gefühl, daß plötzlich alles, was er oder sie tut, bedeutsam wird.

Ebenso wie ein Urinal, das auf einen Sockel gesetzt wird, oder eine Person, die zufällig auf eine Bühne tritt, sofort in etwas Bedeutsameres, etwas Ausgestelltes verwandelt wird, ist aufgeführtes Drama menschliches Leben, das auf einen Sockel gesetzt wurde, um ausgestellt, angeschaut, untersucht und bedacht zu werden. Und jedes Detail dessen, was im Verlauf einer dramatischen Aufführung auf Bühne, Leinwand oder Bildschirm ausgestellt wird, wird zum Zeichen, zum ‹Signifikanten›, einem der vielen, grundlegenden Bestandteile, aus denen im Kopf jedes einzelnen Zuschauers die grundlegende Information darüber, was in dem Drama passiert, aufgenommen und festgelegt wird. Aus diesen grundlegenden Fakten müssen die höheren Ebenen seiner ‹Aussage› schließlich hervorgehen.

3

Das Bild, das eine dramatische Aufführung präsentiert, ob im Theater, Film oder Fernsehen, ist immer dreidimensional, obwohl Leinwand und Bildschirm flach sind. Durch die Wirkung der Perspektive ist immer auch eine Dimension der Tiefe vorhanden. Aber in diesen mechanisch reproduzierten Medien befindet sich das Publikum in einem Raum, der von dem, in dem die Handlung des Dramas stattfindet, streng getrennt ist. Hier ist der Rahmen der Leinwand ein Fenster in einem völlig gesonderten Raum, und die Trennung zwischen dem Publikum und den Darstellern ist total geworden. Hier sind sie wirklich hermetisch voneinander abgeriegelt.

Im Theater ist die Situation anders und oft komplexer: Das Publi-

kum und die Bühne sind dort in ‹Wirklichkeit› aneinander angren-
zende Räume; aber in der ‹Erfindung› des Stücks deutet die Bühne
auch einen erfundenen Raum an, der entweder die gleichen Ausmaße hat oder Räume andeuten kann, die viel größer oder viel kleiner sind als der, den sie in ‹Wirklichkeit› einnehmen.

Außerdem *kann* die Aufführung im Theater auf der Annahme
basieren, daß die Figuren auf der Bühne sich der Gegenwart des
Publikums bewußt sind. Wenn zum Beispiel die Schauspieler das
Publikum direkt ansprechen, folgt daraus, daß eine Kontinuität des
Raums zwischen ihnen vorausgesetzt wird. Andererseits kann von
den Figuren auf der Bühne auch angenommen werden, daß sie sich
des Raums, den das Publikum einnimmt, überhaupt nicht bewußt
sind.

Der Raum, in dem sich die Handlung im Film und im Fernsehen
abspielt, dehnt sich aus mit den Szenen, Landschaften oder Menschen, die gezeigt werden – da es sich um Aufnahmen ‹wirklichen
Raums› handelt –, und ist beliebig zu vergrößern. Der Rahmen der
Leinwand oder des Bildschirms ist eine Öffnung, in die der Zuschauer auf Geheiß des Regisseurs und des Kameramanns hineinge-
zogen werden kann, um darin, soweit erforderlich, umherzuwan-
dern.

Im Theater muß die Bühne, die Plattform, auf der die Handlung
sich abspielt, ob gerahmt oder nicht, für eine Vielzahl möglicher
Räume dienen. Sie kann Schauplätze darstellen, die ihre ‹wirklichen› Ausmaße haben, oder Räume, die unendlich viel größer sind
als sie selbst. Räume, die in ‹Wirklichkeit› kilometerweit voneinander entfernt sein können, werden auf der Bühne als gleichzeitig vorhanden angenommen oder innerhalb von Sekunden aufeinander
folgend, da die aristotelischen Regeln der Einheit des Ortes heutzutage von Autoren und Regisseuren größtenteils ignoriert werden.

4

Ebenso ist die dramatische Zeit von allen Beschränkungen befreit
worden. Sie kann verdichtet oder ausgedehnt werden, beschleunigt
oder verlangsamt und sogar – bis zu einem bestimmten Punkt und

begrenzt – die Irreversibilität der Zeit-Dimension überwinden. Während ‹wirkliche Zeit› in einer Richtung verläuft und, einmal vergangen, nie wiederkehrt, kann der zeitliche Ablauf eines Stücks oder eines Films wiederholt werden.

Zugegeben: Sobald eine dramatische Aufführung begonnen hat, ist sie unbarmherzig gezwungen, ihrem vorgeschriebenen Weg durch die Zeit zu ihrem vorherbestimmten Ende zu folgen. Dennoch kann sie für eine weitere Vorstellung noch einmal begonnen werden. Im Fall der mechanisch reproduzierbaren Formen von Drama – Film und auf Video aufgenommenes Fernsehdrama – wird diese Eigenschaft einer Abfolge von Momenten, die auf Dauer in einer bestimmten Anordnung fixiert und unendlich wiederholbar sind, besonders deutlich. Dennoch hat ‹Live-Drama› viele der gleichen Charakteristika.

Innerhalb dieses wiederholbaren zeitlichen Ablaufs jedenfalls kann Zeit auf verschiedene Art dargestellt werden:

Die Dauer der Ereignisse auf Bühne, Leinwand oder Bildschirm kann die gleiche Länge haben wie in Wirklichkeit; sie würden folglich in ‹natürlicher› Zeit geschehen.

Oder dramatische Zeit kann verkürzt werden, so daß Ereignisse in der dramatischen Szene rascher ablaufend gezeigt werden, als dies in Wirklichkeit der Fall wäre. Innerhalb einer fortlaufenden Szene, die, sagen wir, zehn Minuten dauert, können Ereignisse dargestellt werden, die in Wirklichkeit vielleicht zwei Stunden dauern. Analog können Ereignisse verlangsamt werden. (Das passiert im Film, in dem zum Beispiel ein gewalttätiges Ereignis, ein Kampf, ein Mord in ‹Zeitlupe› gezeigt werden kann; oder auch auf der Bühne, wenn zum Beispiel Zeit in einer Traumsequenz verlangsamt wird.)

Dann wieder kann eine Folge von Ereignissen entweder in ihrer ‹natürlichen› Dauer oder verkürzt, getrennt durch Unterbrechungen von Tagen, Monaten, sogar Jahren geschildert werden.

Mehr noch, das Zeitschema einer dramatischen Aufführung kann die unbarmherzige, irreversible Vorwärtsbewegung der Zeit bezwingen: Ereignisse können außerhalb der chronologischen Reihenfolge gezeigt werden, der sie selbst in einem erfundenen Universum naturgemäß folgen würden. Im Drama wie im Roman kann es Rückblenden und Vorausschau geben. Die Ereignisse können auch in umgekehrter Reihenfolge gezeigt werden wie in Harold Pinters *Betrogen* (als Bühnenstück und Film), das damit beginnt, uns ein Liebespaar am Ende einer Affäre zu zeigen, und dann seinen Weg zurück zum Anfang verfolgt. Der gleiche Zeitraum kann auch immer noch einmal aus verschiedenen Perspektiven wiederholt werden wie in Alan Ayckbourns Trilogie *Normans Eroberungen* oder in dem großartigen japanischen Film *Rashomon*. Zeit ist äußerst dehnbar im erfundenen Universum des Dramas. Daß diese Themen des dramatischen Raumes und der dramatischen Zeit grundlegend sind, zeigt sich an der Tatsache, daß schon Aristoteles in seiner *Poetik* diesem Punkt besondere Aufmerksamkeit gewidmet hat: Erwägungen über die Behandlung von Raum und Zeit haben in den verschiedenen Theorien, Regeln und Ästhetiken des Dramas immer eine wesentliche Rolle gespielt.

Dramatische Zeit und dramatischer Raum sind die Achsen, an denen entlang sich die verschiedenartigen Zeichensysteme des Dramas für das Publikum entfalten.

IV

Die Zeichen des Dramas:
Ikon, Index, Symbol

Heutige Semiotiker, wie zuerst von Peirce umrissen und von zeitgenössischen Semiotikern wie Roland Barthes, Umberto Eco, Erika Fischer-Lichte, Patrice Pavis entwickelt und in ein System gebracht, unterscheiden drei grundlegende Typen von Zeichen.

Das einfachste Zeichen ist dasjenige, das sofort erkannt wird, weil es mit einem eindeutigen Bild des betreffenden Objekts darstellt, was es bedeutet. Daher wird es mit dem griechischen Wort für ‹Bild› bezeichnet: Ikon.

Die ‹Bilder› können realistisch und fotografisch genau oder hoch stilisiert sein: Die kleinen Badewannen, Weingläser und Betten in Reiseführern, die schematisierten Figuren in Röcken oder Hosen auf Toilettentüren, alle gemalten oder fotografierten Porträts von Persönlichkeiten, die uns erzählen, wie sie aussahen, sind alle deutliche ikonische Zeichen. Natürlich sind ikonische Zeichen weit verbreitet; sämtliche Kunstformen der gegenständlichen Malerei, Skulptur und Fotografie können als Systeme ikonischer Zeichen angesehen werden. Aber nicht alle Ikonen sind Bilder. Der Ton einer Autohupe in einem Stück ist ein Ikon des Tons einer Autohupe.

Alle dramatischen Aufführungen sind im wesentlichen ikonisch: Jeder Moment einer dramatischen Handlung ist ein unmittelbares optisches und akustisches Zeichen einer erfundenen oder anderweitig reproduzierten Realität. Alle anderen Typen von Zeichen, die in einer dramatischen Aufführung vorhanden sind, funktionieren im Rahmen dieser grundlegenden ikonischen Mimesis. Die Worte des

Dialogs, die Gesten der Schauspieler sind Zeichen eines anderen Typs, aber sie sind innerhalb der dramatischen Aufführung, im Kontext einer ikonischen Reproduktion ihres Gebrauchs in der ‹Wirklichkeit› vorhanden, der ‹nachgeahmt› wird.

Gesten, die wir im wirklichen Leben benutzen und die Schauspieler nachahmen, gehören zu einer anderen Kategorie von Zeichen: Zeichen, die auf ein Objekt zeigen wie die Pfeile auf Verkehrszeichen oder die Bewegung, die ich mache, wenn jemand mich fragt «Wo ist er?» und ich mit meinem Finger in die Richtung der betreffenden Person zeige. Sie werden *Index*-Zeichen genannt oder auch (da die Ableitung von dem griechischen Wort für zeigen stammt) ‹deiktische› Zeichen. Diese Zeichen leiten ihre Bedeutung von einer nahen Beziehung zu dem Objekt ab, das sie darstellen. Personalpronomen wie ‹du› oder ‹er› sind deiktische Zeichen. Wir wissen nur, wer gemeint ist, wenn das Wort von einer Geste begleitet ist oder deutlich auf einen Eigennamen anspielt, der vorher erwähnt wurde. Es ist naheliegend, daß dieser Typ von Zeichen eine wichtige Rolle in der dramatischen Aufführung spielt.

Die dritte Hauptkategorie von Zeichen umfaßt solche, die, anders als indexikalische und ikonische Zeichen, keine sofort erkennbare, organische Beziehung zu ihren ‹Signifikaten› haben. Diese Kategorie von Zeichen wird *Symbol* genannt. Die Bedeutung symbolischer Zeichen leitet sich ausschließlich von Übereinkunft her: eine Vereinbarung, daß zum Beispiel die Töne D, O, G (dog) als Hinweis auf eine bestimmte Spezies von Tieren erkannt werden wird. Nur Personen, die diese Übereinkunft oder Vereinbarung anerkennen – in diesem Fall alle, die englisch sprechen –, werden in der Lage sein, die Bedeutung dieser willkürlichen Kombination von Tönen oder Buchstaben zu verstehen. Der größte Teil unserer Sprache besteht aus solchen willkürlichen symbolischen Zeichen. Aber es gibt viele andere symbolische Zeichen in Gesten, Kleiderordnungen etc.

Index, Ikon, Symbol – das also sind die drei hauptsächlichen Typen von Zeichen, die die Semiotiker unterscheiden.

Zeichen im üblichen Sinne sind Hilfsmittel, die bewußt eingesetzt werden, um Kommunikation herzustellen; Hilfsmittel, mit denen eine Person oder eine Gruppe von Personen beabsichtigt, einer anderen Person eine Aussage oder Botschaft zu übermitteln. Wenn jemand ein Bild einer Landschaft gemalt hat, dann hat er eindeutig beabsichtigt, seinem Publikum zu zeigen, wie diese Landschaft aussah. Der zeigende Finger, der Pfeil auf den Verkehrsschildern ist bewußt eingesetzt worden, um den Rezipienten der Botschaft in eine bestimmte Richtung zu weisen; und alle symbolischen Zeichen basieren auf bewußten Vereinbarungen zwischen ihren Benutzern.

Aber es gibt auch Fälle, in denen ein einzelner ‹Aussage› wahrnimmt, obwohl niemand da war und ist, der beabsichtigte, eine Botschaft oder Aussage zu übermitteln: Ereignisse oder Phänomene, die als bedeutsam interpretiert werden, ohne daß eine bewußte Kommunikationsabsicht mitspielt. Der Anblick fallender Blätter im Herbst kann von mir als Zeichen des kommenden Winters interpretiert werden oder sogar als Mahnung an die Vergänglichkeit der Jugend oder des Lebens; oder wenn jemand, mit dem ich spreche, plötzlich errötet, kann ich das als Zeichen dafür nehmen, daß er verlegen ist, was er mir überhaupt nicht zu zeigen beabsichtigt. Jedes Ereignis, jeder nur denkbare Gegenstand kann folglich für den, der es wahrnimmt, ein Zeichen werden. Wir sprechen vom Buch der Natur, in dem wir alle lesen können.

Diese allgegenwärtigen Zeichen, die keinen bewußten Urheber haben, aber von denen, die sie ‹lesen›, durchaus als bedeutsam wahrgenommen werden, nennt Umberto Eco in seinem *Entwurf einer Theorie der Zeichen* «natürliche Zeichen» (aufsteigender Rauch kann als Zeichen dafür gelesen werden, daß es ein Feuer gibt) und «nicht intentionale Zeichen» (spontane, unbeabsichtigte menschliche Handlungen oder Gesten, die verborgene Gefühle offenbaren und von einem Beobachter gedeutet werden können).[1] Da sie keine beabsichtigten Zeichen sind und daher nicht als ‹Sprache› oder ‹System› analysiert werden können, betrachten die meisten traditionellen Semiotiker diese Kategorie der ‹unbeabsichtigten› Zeichen als nicht zu ihrem eigentlichen Gebiet gehörig.

Im Drama erhält diese Kategorie der ‹natürlichen› Zeichen, die in der wirklichen Welt existieren, ohne daß irgend jemand sie bewußt produziert, eine besondere Bedeutung: Eindunkelnde Scheinwerfer auf der Bühne, eine Aufnahme der sinkenden Sonne auf der Lein-

1 Eco, ebenda, S. 39–41.

wand oder dem Bildschirm werden vom Regisseur bewußt benutzt, um dem Publikum mitzuteilen, daß die Nacht kommt. Die mimetische Darstellung eines sich verdunkelnden Himmels ist zum ikonischen Zeichen für Abend geworden. ‹Natürliche› Zeichen ohne bewußten Urheber ihrer Botschaft werden folglich in einer dramatischen Aufführung zu bewußt produzierten ‹Ikonen›. Dennoch können diese Ikonen wieder ‹symbolische› Funktionen annehmen: Der Regisseur kann den sich verdunkelnden Himmel als symbolisches Zeichen für das Ende einer Liebesgeschichte oder den Tod benutzen.

So könnte die Kunst der Darstellung beschrieben werden als größtenteils beschäftigt mit dem bewußten, absichtlichen, ‹ikonischen› Gebrauch ‹nicht intentionaler›, ‹unbeabsichtigter› Zeichen oder ‹Symptome›. Ein Schauspieler, der auf der Bühne bewußt errötet, produziert ein Bild – ein ikonisches Zeichen – einer Person, die nolens volens solch ein ‹unbeabsichtigtes› Symptom der Verlegenheit zeigt. Tatsächlich ist die Fähigkeit, willentlich zu erröten, zu lachen oder zu weinen, Teil des Handwerks der Schauspielerei.

Der faszinierend paradoxe, komplizierende Umstand hier ist aber, daß Schauspieler diese Zeichen zwar absichtlich produzieren können, indem sie solche Zustände wie plötzliche Tränenausbrüche, Erbleichen vor Angst etc. simulieren, daß es aber genauso oft geschieht, daß die Schauspieler diese Zeichen nicht in bewußter Absicht zeigen, sondern unbeabsichtigt, spontan, indem sie nur ihre Vorstellungskraft benutzen, um die betreffenden Geisteszustände zu produzieren, so daß sie einfach beginnen, zu erröten oder zu zittern oder zu weinen ohne irgendeine bewußte Anstrengung, diese besonderen Symptome vorzuführen.

Was in der wirklichen Welt ‹nicht intentionale› Zeichen sind, wird in der dramatischen Aufführung zu bewußten ‹ikonischen› Darstellungen von Angst, Verlegenheit etc. Doch da hier ‹wirkliche› Gegenstände und vor allem ‹wirkliche› Menschen als Zeichen benutzt werden, bleibt die Tatsache bestehen, daß ein Element ‹unbeabsichtigter› Zeichensetzung (Semiosis) zwangsläufig an jeder dramatischen Aufführung beteiligt sein wird: zum Teil, weil die Schauspieler möglicherweise den Ausdruck, die Gesten, die sie zeigen etc., nicht vollkommen kontrollieren können, zum Teil, weil

Gegenstände auf Bühne, Leinwand oder Bildschirm möglicherweise Signifikanten enthalten, deren Wahrnehmung die Urheber der Aufführung (der Regisseur, der Bühnen- und Kostümbildner) nicht beabsichtigten. Ein Schauspieler kann eine Fehlbesetzung sein, und so kann seine Erscheinung Aspekte suggerieren, die im Widerspruch zur Absicht des Autors oder des Regisseurs stehen: Er oder sie ist möglicherweise nicht attraktiv oder jung genug. Oder eine Figur, sagen wir, in einem historischen Stück oder Film, kann Schuhe tragen, die jemandem im Publikum, der ein Experte in solchen Dingen ist, die falsche historische Epoche anzeigen; oder die Figuren in einem historischen Stück oder Film können, wie es nur zu oft der Fall ist, eine Sprache sprechen, die für Menschen mit Gefühl für Sprachnuancen offensichtlich aus der falschen Epoche stammt. Und wir alle kennen das Beispiel der Katze, die zufällig auf die Bühne spaziert...

Dieses Halbdunkel aus Unbestimmtheit und Ungenauigkeit, das dem Vorhandensein unbeabsichtigter und nicht intentionaler Zeichen entspringt, unterstreicht die besondere Situation der dramatischen Aufführung als Objekt der Semiotik. Die meisten ikonischen Zeichen, die auf anderen Gebieten benutzt werden, sind sowohl bewußt produziert als auch von denen, für die sie gemeint sind, leicht zu verstehen, zu interpretieren (oder, wie es im Fachjargon heißt: zu ‹dekodieren›). Das Gemälde eines Pferdes wird von jedermann als Darstellung eines Pferdes verstanden werden. Sogar ein abstraktes Gemälde wird als bewußt mehrdeutiges Bild oder als Aussage über reine Form und Farbe wahrgenommen werden. Außerdem können ikonische Zeichen sehr vereinfachte Darstellungen der Objekte sein, für die sie stehen und sich daher auf eine einzige Bedeutung konzentrieren. Die Dame auf der Toilettentür sieht einer wirklichen Dame nicht sehr ähnlich: ein höchst abstraktes – und konventionelles – Symbol, das uns unzweideutig nicht mehr sagt, als daß diese Figur einen Rock trägt, die gegenüber aber Hosen. Es wird behauptet, daß wir diese Bilder erkennen, weil wir *gelernt* haben, sie zu lesen, daß sie konventionell sind, fast wie Hieroglyphen oder chinesische Schriftzeichen, die tatsächlich die Grenze zwischen dem ikonischen und dem symbolischen Zeichentyp markieren.

Doch im Drama gibt es, sofern es sich um menschliche Figuren handelt, keine Abstraktionen: Dort erscheint eine Dame und ist eine vollkommen konkrete Dame, die uns als Ikon – das ikonische Zeichen – für eine erfundene Dame gezeigt wird. Der Regisseur, der uns eine Schauspielerin zeigt, die Julia oder Ophelia verkörpert, sagt uns: So sah Julia oder Ophelia aus. Das Ikon strebt hier zumindest an, eine vollkommene Identität des Aussehens zwischen ‹Signifikant› (der Schauspielerin) und ‹Signifikat› (der erfundenen Figur) nahezulegen.

Das gleiche gilt für viele Gegenstände, die wir auf der Bühne sehen, und sogar noch mehr für die Welt, die in der fotografischen Realität des verfilmten oder gesendeten Dramas abgebildet wird.

Doch zwischen der zwangsläufigen Konkretheit der menschlichen Person und der Tendenz zu erhöhter Abstraktion vieler im Drama benutzter ikonischer Zeichen muß genau unterschieden werden: In hohem Maße schematisierte Gegenstände können sich dem Status von Ideogrammen nähern, wie das der Fall ist, wenn ein bloßer Rahmen auf der Bühne eine Tür andeutet oder drei Soldaten eine Armee oder die bloße Geste des Trinkens ein Glas Wasser ersetzt; oder wenn im Film eine Aufnahme von Big Ben oder der Skyline von Manhattan als Kürzel dafür benutzt wird, daß die Handlung nach London oder New York gewechselt hat.

Die menschliche Gestalt und ihre Gestik sind die wirkungsvollste Quelle der Suggestion auf der Bühne; das geht soweit, daß in bestimmten Einpersonenstücken ein Schauspieler, der ins Leere spricht, die Gegenwart eines zweiten, nicht existenten Gesprächspartners suggerieren kann.

2

Die Typen von Zeichen, die wir besprochen haben: Ikon, Index, Symbol, sowie die ‹unbeabsichtigten› (natürlichen oder nicht intentionalen) ikonischen Zeichen ohne bewußten Urheber verbinden sich in einer dramatischen Aufführung zu einer Vielzahl verschiedener Zeichensysteme oder ‹Sprachen›, jede mit ihrer eigenen ‹Grammatik› und ‹Syntax› (obwohl die Analogie zu verbalen Sprachen immer mit Vorsicht behandelt werden muß, weil jedes Zeichensystem begrenzt ist).

Zum Beispiel gibt es eine ‹Sprache› der Gesten. Einige unserer Gesten sind ‹deiktisch›: zeigende Finger, verängstigte Blicke; andere sind ‹ikonisch›: Wir alle erkennen sofort die Bedeutung einer Umarmung, eines verärgerten Schnaubens etc.; andere wieder sind ‹symbolisch›: Im orientalischen Theater kann die winzigste Bewegung eines Fingers eine festgelegte Bedeutung haben, die die Zuschauer durch jahrhundertelange Tradition zu interpretieren und verstehen gelernt haben. Auch im westlichen Drama gab es in bestimmten Epochen solche formalisierten, symbolischen Gesten: Im Melodrama des neunzehnten Jahrhunderts zum Beispiel war das Abwenden des Gesichts und Senkens des Kopfes zum Symbol für Leid geworden. Eine ikonische Darstellung dessen, was geschieht, wenn jemand plötzlich von seelischem Schmerz getroffen wird, wurde hier formalisiert, ritualisiert und in eine konventionelle, symbolische Geste verwandelt. Viele solcher Zeichensysteme, mehr als in jeder anderen Kunstform, wirken in der dramatischen Aufführung gleichzeitig.

Dennoch können wir fragen: Was ist der Zweck, was haben Zuschauer, Kritiker, Darsteller davon, die Typologie von Zeichen und Zeichensystemen zu analysieren; warum sollten wir wissen wollen, welche Zeichentypen, welche Zeichensysteme in einer bestimmten Produktion vorhanden sind und wie sie sich gegenseitig beeinflussen, verbinden und einander dialektisch widersprechen?

Die einfachste Antwort scheint mir zu sein, daß dies die praktischste, realistischste Annäherung an den Kommunikationsvorgang ist, den jede dramatische Aufführung herzustellen versucht. Indem wir analysieren, welche Zeichen und Zeichensysteme in welcher Interaktion vorhanden sind und zumindest potentiell auf die Empfindungen der Rezipienten der Kommunikation – das Publikum – einwirken, müßten wir die konkreteste, sachlichste Basis für eine klare Vorstellung davon gewinnen, was eigentlich in einem künstlerischen Ereignis wie einem Stück oder einem Film stattfindet. Diese Vorstellung müßte weit weniger vage und abstrakt sein als Analysen der Psychologie von Figuren oder der philosophischen Hintergründe. Zwar sind Psychologien und Philosophien immer mit enthalten und durchaus wert, besprochen zu werden, aber sicher erst nachdem das grundlegende Fundament dessen, was tatsächlich auf Bühne, Leinwand oder Bildschirm geschah, ermittelt ist.

Für diejenigen, die für die Schaffung einer dramatischen Aufführung verantwortlich sind, muß das Wissen, was jede Geste, jeder Blick, jedes Detail des Bühnen- oder Szenenbilds, der Maske und der vielen anderen ‹aussageproduzierenden› Bestandteile einer Aufführung bedeuten kann und soll und wie sie aufeinander einwirken und sich verbinden, von entscheidender Wichtigkeit sein. Es ist klar, daß jeder Mitarbeiter einer Produktion (Regisseur, Bühnen- und Kostümbildner, Schauspieler, Beleuchter und Musiker) ein Experte auf seinem Gebiet sein sollte, ob sein Wissen nun theoretisch oder rein praktisch-intuitiv ist. Aber eine Methodik für eine klare Analyse dessen, was tatsächlich in einer Aufführung geschieht und wie die einzelnen Bestandteile arbeiten, aus denen die übergreifende ‹Aussage› der Aufführung entsteht, wäre zweifellos von Nutzen.

Zu wissen, wie ein bestimmtes Zeichen funktioniert und welche Art von Zeichen es ist, wie es sich in die beabsichtigte, endgültige Gesamtwirkung einfügt, ist sicher nützlich: Wenn die Bühne sich in einem bestimmten Moment verdunkelt, werden die Zuschauer geneigt sein, das als ‹ikonisches› Bild des schwindenden Tageslichts zu interpretieren, oder es wird als ‹symbolisches› Zeichen gesehen werden, daß die Situation der Hauptperson hoffnungsloser wird, oder vielleicht beides auf einmal: Das Einbrechen der Nacht wird zum Symbol für Tragödie oder Unglück. Folglich sollte die Kenntnis von ‹Grammatik› und ‹Syntax› der Interaktion zwischen den verschiedenen Zeichen und Zeichensystemen dem Regisseur zu größerer Sicherheit verhelfen, daß er wirklich die Aussage transportieren wird, die er beabsichtigt, wenigstens für die Mehrzahl des Publikums.

Genauso müßte ein klares Bewußtsein, wie eine Aufführung funktioniert und warum sie vielleicht nicht funktioniert, basierend auf einer Analyse aller Mittel, die von den Urhebern der Aufführung ins Spiel gebracht worden sind, bei der kritischen Erörterung einer dramatischen Aufführung von beträchtlicher Hilfe sein. Mit einem semiotischen Ansatz müßte es möglich sein, den reinen ‹Impressionismus› zu überwinden, der großen Teilen der dramatischen Kritik in der Tagespresse wie auch bei den Akademikern anhaftet.

Den Zuschauer betreffend, könnte man argumentieren, daß er sich lediglich zurücklehnen und die Aufführung geschehen lassen soll. Diese Ansicht ist weit verbreitet; aber sie basiert sicherlich auf einer etwas naiven Vorstellung, was Kunst ist und wie sie ihre Wirkungen schafft. Jede Kunst und die Kunst des Dramas im besonderen basiert im wesentlichen auf Übereinkünften zwischen dem Künstler und seinem Publikum und ist daher eine erworbene Fähigkeit, die letztlich gelernt werden muß. Ein großer Teil dieses Lernprozesses geschieht fast automatisch, einfach durch regelmäßige und anhaltende Konfrontation mit den herrschenden Konventionen. Aber die Fähigkeit, aus Kunst den vollsten Genuß, Erkenntnis und geistige Erfahrung zu ziehen, wahre Kultiviertheit also, braucht Sachverstand. Kennerschaft jeder Art, ob es sich um Wein handelt, um Bilder und natürlich auch um dramatische Aufführungen, muß verbunden sein mit vielen Fähigkeiten und Kultiviertheit – mit gelernten Erfahrungen.

Nur wenn ein Zuschauer die Regeln und die Feinheiten von Strategie, Taktik und Technik kennt, zieht er oder sie größtmögliche Spannung und Spaß aus einem Fußball-, Kricket- oder Baseballspiel. Genauso nützlich muß die Kenntnis der Methoden, Regeln und Feinheiten einer Theateraufführung oder der Kamerabewegungen und des Schnitts in Film und Fernsehen, kurz, ein hoher Grad an Kultiviertheit sein, um zu größtem Vergnügen und vielleicht zu einigen der höheren Einsichten, die Drama vermitteln kann, zu kommen.

Es mag ein zu ehrgeiziges Vorhaben sein, die Semiotik der dramatischen Aufführung in eine ‹exakte Wissenschaft› umzusetzen (die in der Lage wäre, in jedem Moment einer Aufführung eine exakte Aufzeichnung der agierenden Signifikanten herzustellen und ihnen ihre genaue ‹Aussage› zuzuweisen); doch eine semiotische Annäherung an die dramatische Aufführung müßte sich trotzdem als nützlich und vor allem praktisch erweisen, eine lohnende Methodik zur Schaffung eines Verständnisses, wie das Fundament, wie die wichtigsten Komponenten einer dramatischen Aufführung, ihre *grundlegende Bedeutung* – was Brecht die ‹Fabel› nennt – entsteht und Form annimmt aus der Interaktion und Kombination aller verschiedenen Zeichensysteme, die vorhanden sind und im Verlauf der Aufführung wirksam werden.

V

Die Zeichen des Dramas: der Rahmen

In seinem einflußreichen Buch *Littérature et Spectacle*[1] hat Tadeusz Kowzan dreizehn Zeichensysteme aufgezählt, die mit einer Bühnenvorstellung verbunden sind (die alle genauso auf die anderen visuellen dramatischen Medien anwendbar sein müßten): (1) Worte, (2) Vortrag des Textes, (3) Gesichtsausdruck, (4) Gestik, (5) die Bewegungen der Schauspieler im dramatischen Raum, (6) Maske, (7) Frisuren, (8) Kostüm, (9) Requisiten, (10) Bühnenbilder, (11) Beleuchtung, (12) Musik, (13) Toneffekte.

Kowzan bemerkt, daß die ersten zwei dieser ‹Zeichensysteme› sich auf den Text beziehen, die nächsten drei (3 bis 5) auf den expressiven Gebrauch des Körpers des Schauspielers, die nächsten drei (6 bis 8) auf die äußerliche Erscheinung des Schauspielers, die Nummern 9 bis 11 auf die Bilder der Bühne und die letzten zwei auf den Ton. Insgesamt fünf Gruppen von Zeichensystemen, von denen die ersten drei (1 bis 8) direkt den Schauspieler betreffen.

Sogar nur als Aufzählung aller primären Erzeuger von Aussage im Drama enthält diese Liste einige irritierende Auslassungen wie auch Einbeziehungen. Warum, um nur ein Beispiel zu nennen, sollte die Frisur eines Schauspielers ein gesondertes System sein und nicht lediglich als ein Aspekt seiner Maske betrachtet werden? Ist ein Schnurrbart, der auf die Oberlippe eines Schauspielers geklebt wird, Teil seiner Frisur oder seiner Maske? Die Trennungslinien zwischen den meisten Zeichensystemen, die im Drama benutzt wer-

---

1 Tadeusz Kowzan, *Littérature et Spectacle*. Den Haag/Paris: Mouton 1975, bes. S. 182 ff, 205.

den, sind fließend; aber in diesem Fall scheint es wenig sinnvoll zu sein, überhaupt solche Linien zu ziehen. Andererseits enthält Kowzans Liste einige überraschende Auslassungen.

Wenn wir ein alternatives Verzeichnis der primären Zeichensysteme aufstellen wollen, müssen wir mit einer Gruppe von Zeichensystemen beginnen, die Kowzan übersehen hat: *rahmende und vorbereitende Indikatoren*. Damit ein Zeichen als Zeichen funktioniert, muß es zunächst einmal als Zeichen erkannt werden, als Zeichen gekennzeichnet sein. Der Rahmen eines Bildes, der Pfosten, auf dem das Verkehrsschild angebracht ist, das Herstellen von Augenkontakt mit der Person, an die das Wort (‹Sprechakt›) gerichtet ist, all das sind die Grundlagen jeder Kommunikation. Im Falle des Dramas spielt die Form des Theaterraums, das ‹Ambiente›, die ‹Atmosphäre› des Theaters oder Kinos oder beim Fernsehen die Abwesenheit dieser atmosphärischen Faktoren, in der Gesamtwirkung und Bedeutung des dramatischen Ereignisses für den Zuschauer eine entscheidende Rolle.

Es gibt einen großen Unterschied zwischen dem Gefühl für den besonderen Anlaß (und folglich der Wesentlichkeit des Gezeigten), das durch ein prächtiges Theater voller Leute in Abendgarderobe geschaffen wird, einerseits und der Ungezwungenheit eines Kinos, erfüllt mit dem Geruch von Popcorn andererseits; oder eben der Abwesenheit eines solchen Gefühls, der Lässigkeit, mit der der gleiche Film zu Hause auf einem kleinen Bildschirm mitten im Durcheinander der gewohnten Umgebung des Zuschauers empfangen wird.

Ob Drama in den verschiedenen Formen der Theaterarchitektur gesehen wird, von der Proszeniumsloge bis zum ‹theatre in the round›*, auf verschiedensten Kinoleinwänden (klein, groß oder Cinerama) oder auf Fernsehempfängern, muß seine Wirkung nachhaltig beeinflussen. Keine Analyse des Entstehens von Aussage kann diesen grundlegenden Aspekt vernachlässigen.

Es ist die Bühne oder die Leinwand, die als primärer Erzeuger fungiert. Wie trivial ein Gegenstand oder ein Ereignis in der ‹wirk-

---

* *Theatre in the round* – eine Bühne, die auf allen Seiten von den Sitzen der Zuschauer umgeben ist (‹Arena-Bühne›; M. E.).

lichen Welt› auch immer erscheinen mag, sobald sie auf einer Bühne oder im Film oder auf dem Bildschirm wahrgenommen werden, sind sie augenblicklich auf die Ebene von Zeichen erhoben. Außerdem üben die Bühne oder die Leinwand und das Gebäude oder der Ort, wo sie sich befinden, einen starken Einfluß auf die Erwartungen des Publikums aus und darauf, wie es die Zeichen, die ihm in der Aufführung geboten werden, verstehen wird. Ein Mysterienspiel, das in einer Kirche aufgeführt wird, hat eine andere Aussage als die gleiche Aufführung in einem Kabarett (wo einige Zuschauer es als Parodie verstehen könnten); der gleiche Film wird auf der großen Leinwand eines luxuriösen Kinos, in einem ‹Flohkino› und auf einem kleinen Fernsehapparat unterschiedlich wirken.

Wir dürfen auch nicht die vielen zusätzlichen Rahmeneinrichtungen vergessen, die normalerweise übersehen werden, weil sie so vertraut und so unsichtbar geworden sind wie der Briefträger in Chestertons «Father Brown»-Geschichte. Sie umfassen vor allem den *Titel* und die *Gattungsbezeichnung* des Stücks – ‹eine Komödie in drei Akten›, ‹ein Western› –, die die Stimmung und die ‹Erwartungshaltung›, den ‹Erwartungshorizont› der deutschen ‹Rezeptionsästhetik› bestimmen. Einige dieser ersten Hinweise auf die Stimmung, in der die Aufführung angesehen werden soll, werden vom Zuschauer im Leuchttransparent über dem Eingang (mit den Namen der Stars, die die Erwartung höchst wirksam steigern) oder im *Programmheft* wahrgenommen, das ihm in die Hand gedrückt wird, bevor er oder sie Platz nimmt; zuvor können seine Erwartungen durch *Vorankündigungen* in den Zeitungen, durch Berichte von Freunden, die das Stück früher gesehen haben, bestimmt sein – und wahrscheinlich einflußreicher als alles durch die Kritiken, die er vielleicht gelesen hat. Für den Film gilt das gleiche, hinzu kommen Werbeplakate und Trailer sowie der Vorspann. Im Fernsehen sind Vorschau-Sequenzen mit ‹Kostproben› des folgenden Dramas wie auch der kunstvolle Vorspann selbst von entscheidender Wichtigkeit. In diesem Medium spielt die Technik, mit der einzelne Themen inmitten des endlosen Stroms von Programmen und Werbefilmen Aufmerksamkeit erregen, eine entscheidende Rolle nicht nur dabei, die Zuschauer in erwartungsvolle Stimmung zu versetzen, sondern sie tatsächlich dazu zu bewegen, sich auf die Sendung zu konzentrieren.

Die Ebene, auf die die Erwartungen zu Beginn geschraubt werden, hat oft einen entscheidenden Einfluß darauf, wie die ‹Aussage› einzelner Signifikanten als auch die Gesamtaussage der Aufführung verstanden wird. Diese vorbereitenden oder Rahmeneinrichtungen gehören zu einer höheren Ordnung von Zeichen als einzelne Signifikanten, weil sie die anfängliche Stimmung festlegen, die Ebene, auf der alle anderen Zeichen ‹decodiert› werden müssen. Sie sind vergleichbar mit den ‹Schlüsseln› in der Notenschrift.

In den Epochen in der Geschichte des Dramas, als Zeitungsannoncen und Rezensionen, die neonbeleuchteten Buchstaben über dem Eingang, die Programmhefte oder der Filmvorspann nicht zur Verfügung standen, wurde diese überaus wichtige semiotische Funktion von ‹Prologen› erfüllt, die den Schauplatz festlegten und den Erwartungshorizont bestimmten; genau wie ‹Epiloge› den Rahmen vervollständigten und einige rückblickende Erklärungen hinzufügten, was sich auf den Teil der Botschaft des Stücks, der in der Erinnerung des Publikums zurückblieb, zweifellos auswirkte.

Kowzan beginnt seine Liste der Zeichensysteme des Theaters mit den ‹Worten›: dem Text, der gesprochen wird. Das scheint ein Relikt der Auffassung zu sein, daß der primäre Faktor im Drama der Text ist. Doch es gibt auch Drama ohne Worte: Pantomime, der Stummfilm, Ballett. Daher ist es wohl logischer, die Liste der Zeichensysteme, die in einer Aufführung benutzt werden, mit dem Angelpunkt zu beginnen, um den sich alles Drama in der Aufführung dreht: *dem Schauspieler.*

VI

Die Zeichen des Dramas:
der Schauspieler

I

Der Schauspieler ist das ikonische Zeichen *par excellence*: ein wirklicher Mensch, der ein Zeichen für einen Menschen geworden ist.

In «The Semiotics of Theatrical Performance»[1], einem brillanten und provokativen Essay, in dem Umberto Eco in einigen grundlegenden Betrachtungen die Problematik eines solchen Wissenschaftszweigs umreißt, bevor er die Auseinandersetzung elegant umgeht, zitiert er C. S. Peirces Theorie eines Falls, in dem ein Mensch zum Zeichen wird: Ausgesetzt auf dem Treppenabsatz einer Versammlungsstätte der Heilsarmee, illustriert ein Betrunkener die verheerenden Auswirkungen des Trinkens.

Eco hebt hervor, daß ein Zeichen nach Peirces Definition etwas ist, das «in gewisser Hinsicht oder bezüglich einer Eigenschaft für jemanden oder für etwas anderes steht». Der Betrunkene ist also nicht ein Zeichen für sich selbst, sondern für die allgemeine Kategorie der «Trinker». Das Zeichen könnte also für Sätze stehen wie: «Hier ist ein Betrunkener» oder «Es war einmal ein Betrunkener» oder «Es gibt viele Betrunkene in der Welt». Der Betrunkene ist ausgewählt worden, um als Zeichen zu agieren, weil einige seiner Eigenschaften (keinesfalls alle seine Charakteristika oder Qualitäten, sondern nur einige, die im Sinne der «Ostension» [semiotischer Jargon für «zeigen»] wesentlich sind) ihn «typisch» machen – mit

[1] Umberto Eco, «Semiotics of Theatrical Performance», in: *The Drama Review,* Bd. 21, Nr. 1, März 1977.

anderen Worten, er wird nicht als er selbst gezeigt, sondern als Exemplar einer ganzen Klasse von Menschen. In dieser Hinsicht, argumentiert Eco, ist die Wahl gerade dieses Betrunkenen durch die Heilsarmee analog zur Wahl des richtigen Wortes beim Formulieren eines Satzes, außer daß ein Wort, ein Zeichen ohne physische Ähnlichkeit oder Beziehung zu seinem Referenten ist, während

> «der Betrunkene ein Zeichen ist, aber er ist ein Zeichen, das vorgibt, keines zu sein. Der Trinker spielt ein Doppelspiel: Um als Zeichen akzeptiert zu werden, muß er als wirkliches räumlich-zeitliches Ereignis erkannt werden, als ein wirklicher menschlicher Körper. Im Theater gibt es eine ‹quadrierte Semiosis›. Worte stehen als phonetisches Objekt für andere Objekte aus anderem Material. In der Inszenierung wird ein Objekt, das zunächst als wirkliches Objekt erkannt wird, dann als Zeichen angenommen, das auf ein anderes Objekt (oder eine Klasse von Objekten) verweisen soll, dessen bestimmendes Material das gleiche ist wie das des dargestellten Objekts».[2]

Ecos Gebrauch von Peirces Paradigma ist sehr reizvoll und bringt einige wichtige Punkte zur Sprache: Es lenkt die Aufmerksamkeit beiläufig auf die Wichtigkeit des ‹Rahmens›: Der Treppenabsatz, auf dem er steht, verwandelt den einfachen Trinker nicht nur in ein Zeichen, sondern die Tatsache, daß es sich sofort erkennbar um einen Treppenabsatz der Heilsarmee handelt, läßt den Trinker, das Opfer des Alkoholismus, «ironisch für sein Gegenteil» stehen, «er preist die Vorzüge der Abstinenz».

Doch als Analogie für dramatische Aufführung ist Ecos Beispiel unvollständig und läßt einige wesentliche Aspekte aus. Denn in einem echten dramatischen Kontext wäre der Säufer kein echter Säufer, sondern ein Schauspieler, der bewußt die Charakteristika des Säufers (die rote Nase, die trüben Augen etc.) simuliert, und das Publikum wäre sich seines *Könnens* dabei bewußt. Unabhängig davon den Säufer als Mitglied einer Klasse von Menschen zu erkennen und vielleicht zu verstehen, daß er eine warnende Botschaft gegen den Alkohol darstellt, werden sie ebenso seine ‹Kunst›, diese Wirkung herzustellen, würdigen und ihr applaudieren (oder ihn ausbuhen, weil er eben das nicht erreicht). Darüber hinaus wäre der Säu-

2 Ebenda, S. 111 (dt. von C. S.).

fer in einer dramatischen Aufführung höchstwahrscheinlich nicht bloß eine anonyme Erscheinung. Er würde ganz sicher eine individualisierte, erfundene Figur spielen und so als Zeichen für eine *erfundene* Person wie auch als Mitglied einer Klasse von Personen fungieren, so daß die semiotische Rolle des Schauspielers in einem dramatischen Ereignis viel komplexer ist, als es Ecos Paradigma nahelegt.

Ein Schauspieler, der auf der Bühne, Leinwand oder dem Fernsehschirm erscheint, ist in erster Linie er selbst, die ‹wirkliche› Person mit seinen körperlichen Merkmalen, seiner Stimme und seinem Temperament. Er ist zweitens er selbst, verwandelt, verkleidet durch Kostüm, Maske, eine angenommene Stimme, eine geistige Haltung, die sich aus der Beschäftigung mit und dem Einfühlungsvermögen in die erfundene Figur, die er spielt, herleitet: Dies ist die ‹Bühnenfigur›, wie die Prager Schule ihn nennt, das körperliche Abbild der Rolle. Aber drittens und wichtiger als alles ist da die ‹Dichtung›, für die er steht und die sich schließlich in der Vorstellung des einzelnen Zuschauers herausbildet, der das Stück oder den Film sieht. Dieser Zuschauer zum Beispiel kann durchaus bemerken, daß die Schauspielerin und die Bühnenfigur, die Julia darstellt, nicht besonders schön oder attraktiv ist; dennoch wird er, da er verstanden hat, daß sie außerordentlich schön sein *soll*, in seiner Vorstellung das Bild vollenden und die Handlung so ‹lesen›, als sähe er ein außerordentlich schönes Mädchen. Und diese erfundene Figur kann auch wieder wie Ecos Betrunkener für eine ganze Kategorie oder Klasse von Personen stehen, kann allgemeine menschliche Bedeutung annehmen.

Diese äußerst komplexe Sachlage produziert höchst suggestive und künstlerisch faszinierende Mehrdeutigkeiten und innere Spannungen:

Ein Schauspieler, der Hamlet spielt, ist ein Zeichen für die erfundene Figur von Hamlet mit aller komplexen Individualität dieser erfundenen Person. In den Augen einiger Zuschauer kann er auch zum Darsteller einer Klasse von Personen werden (Prinzen, Intellektuelle, die zuviel denken, Söhne, die in ihre Mütter verliebt sind, die Menschheit an sich und viele andere); aber genauso, anders als der Trinker in Peirces von Eco zitiertem Beispiel, wird er vieles von seiner wirklichen Persönlichkeit als Schauspieler, als der er bekannt ist, bewahren. Die Semiosis wird hier nicht nur, wie Eco es für den Trinker postuliert, ‹quadriert›, sie wird ‹kubiert›; denn dieser Mann steht für ein Zeichen, das für einen Mann steht, der dann wieder erkannt und gewertet wird als der eigentliche Mann, der er ist. Es ist die Spannung zwischen dem wirklichen Schauspieler einerseits und der erfundenen Figur, für die er als ikonisches Zeichen fungiert, andererseits, die eine der Hauptattraktionen von aufgeführtem Drama ist. Das Publikum vergißt niemals, daß die ikonische Aufgabe des Schauspielers spielerische Täuschung ist. Die Aufhebung des Unglaubens im Theater, Kino oder vor dem Fernsehschirm geht nicht so weit, daß das Zeichen mit der Wirklichkeit verwechselt wird. Tatsächlich bauen die meisten Theorien über Drama von den alten Griechen bis zu Brecht auf genau dieser Spannung auf. Ein weit größerer Prozentsatz des Publikums geht ins Theater oder ins Kino oder sieht fern, um bestimmte Schauspieler zu sehen anstatt die erfundenen Figuren, die sie spielen. Die Wirtschaftlichkeit von Theater, Film und Fernsehen mit ihrem Akzent auf der Zugkraft des ‹Stars› beruht auf dieser Tatsache.

Der Schauspieler ist also der wesentliche Bestandteil, um den sich alles Drama dreht. Es kann und hat Drama ohne Autoren, Bühnen- und Kostümbildner, Regisseure gegeben, es kann nie Drama ohne Schauspieler geben. Sogar die Marionetten des Puppen- oder Schattentheaters, die bewegten Zeichnungen oder Figuren des Trickfilms sind Schauspieler, ikonische Zeichen, die für Menschen oder vermenschlichte Tiere stehen, und natürlich haben sie auch die Stimmen menschlicher Schauspieler.

Wenn der Schauspieler auf der Bühne steht oder auf der Leinwand oder dem Bildschirm erscheint, ist er mehr als ein bloßes Zeichen für eine erfundene Figur, die sich ein Autor ausgedacht hat. Seine *Persönlichkeit*, die undefinierbare Einzigartigkeit eines einzelnen Menschen, die persönliche Anziehungskraft, die von ihm oder ihr ausgeht, fügt den Signifikanten des Erfinders der Dichtung weitere hinzu. Die Worte, die Gielgud als Hamlet spricht, tragen eine leicht andere Bedeutung als die, die Olivier oder Guinness in derselben Rolle sprechen; nicht nur weil jeder dieser Darsteller durch das andere Timbre seiner Stimme den Worten eine andere

Deutung gibt, sondern einfach weil sie von einem anderen Menschen gesprochen werden.

Das unterstreicht das hoch *erotische* Wesen des Dramas. Die reine Anziehungskraft menschlicher Persönlichkeit ist selbst ein starker Erzeuger von ‹Aussage›. Wenn eine schöne Frau, sagen wir in der Rolle von Julia, auf die Bühne tritt, bedeutet ihr Erscheinen: «Dieses erfundene Mädchen war genauso schön; Julia sah genauso aus!» Der ganze Eindruck, die ganze ‹Aussage› des Stücks wird sich um diese grundlegende Tatsache drehen.

Es wird manchmal argumentiert, daß dieses erotische Element nur oder besser im ‹Live›-Theater funktioniert und es einer der Faktoren ist, die im Film oder Fernsehen mehr oder weniger fehlen; denn nur die körperliche Präsenz des Schauspielers oder der Schauspielerin könne diesen ‹erotischen› Eindruck erzeugen. Zweifellos wird diese Ansicht durch die Wirkung, die Spitzenstars von Greta Garbo bis Marilyn Monroe, von Clark Gable bis Robert Redford im Film hatten, genauso widerlegt wie durch das Vertrauen, das man im Fernsehen in vergleichbare Starpersönlichkeiten setzt. Für das, was den mechanisch reproduzierten Medien an körperlicher Präsenz fehlt, entschädigen sie mehr als reichlich durch ihre Fähigkeit, den Zuschauer mit Großaufnahmen, die eine Illusion körperlicher Nähe zur attraktiven Person schaffen, dem Darsteller weitaus näherzubringen, als das Theater es jemals zu erreichen hoffen kann, sogar für die Zuschauer auf den besten Plätzen.

2

Das grundlegend Erotische der Anziehungskraft von Schauspielern erklärt die immense Wichtigkeit der *Besetzung* in der dramatischen Aufführung. ‹Besetzung› ist eines der grundlegendsten semiotischen Systeme, die ihre Aussage erzeugen. Und es haben nicht nur die Attraktivität oder die Anziehungskraft einzelner Darsteller semiotisches Gewicht, sondern die *Interaktion* zwischen ihnen. Das Gleichgewicht der Persönlichkeiten in einer dramatischen Aufführung ist einer der wichtigsten Faktoren für ihre endgültige ‹Aussage›, eine der grundlegend künstlerischen Entscheidungen, die der

Regisseur treffen muß, die seiner Interpretation der Dichtung zugrunde liegt und ihre Wirkung und endgültige Bedeutung bestimmen wird.

Zusätzlich zur grundlegend Aussage erzeugenden Qualität seiner eigenen Persönlichkeit und seiner erotischen Anziehungskraft hat der Schauspieler eine Reihe von Zeichensystemen zur Verfügung, die man einerseits klassifizieren könnte als solche, die sich von den Ausdruckstechniken im Gebrauch seines oder ihres Körpers herleiten: Einsatz der Stimme beim Modulieren des Textes, Gesichtsausdruck, Gestik *(Kinesik)* und Anordnung oder Bewegung im Raum *(Proxemik)*, und andererseits solchen, die der Schauspieler auf seinem Körper trägt: Maske und Kostüm.

Diese Systeme wirken natürlich ständig aufeinander ein: Das Kostüm eines Schauspielers kann seine Gesten und Bewegungen durchaus stark beeinflussen (schwere Ärmel können seine Gesten vergrößern, ein enger Rock kann den Gang einer Schauspielerin beeinflussen); die Maske beeinflußt offensichtlich den Gesichtsausdruck etc.

Ein grundlegendes Paradoxon muß man stets bedenken, wenn man die Herstellung von Ausssage beim Darstellen analysiert: Der Schauspieler selbst ist ein Ikon – ein Mensch, der als Zeichen für einen Menschen handelt. Aber einige der Zeichensysteme, die er benutzt, können selbst entweder ikonisch, deiktisch oder symbolisch sein oder alles drei zur gleichen Zeit. Folglich ist ein weißer Bart ein *ikonisches* Zeichen des Alters, aber er kann auch als *symbolischer* Hinweis auf Weisheit gemeint sein. Eine auffallende Perücke kann ein Ikon eines eitlen Charakters sein, aber zur gleichen Zeit als *deiktisches* Zeichen fungieren, um die Aufmerksamkeit des Publikums auf diese Figur zu lenken (zum Beispiel, um sie in einer Gruppe auffallen zu lassen).

Das gilt für solche Zeichensysteme, die der Schauspieler absichtlich und mit Überlegung einsetzt. Zusätzlich, wie auch Umberto Eco betont, erhebt sich beim Schauspielen besonders deutlich das Problem des sogenannten nicht intentionalen Zeichens. Wenn jemand errötet, ist das ein Zeichen, daß ihm etwas peinlich ist, auch wenn er versucht, diese Tatsache zu verstecken. Ein fähiger Schauspieler sollte ein Meister darin sein, solche scheinbar unbeabsichtigten Zeichen willentlich und mit Überlegung zu produzieren. Sie sind Ikonen der Bedeutung, die er ausdrücken möchte; sie enthalten Information, die er transportieren möchte. Aber es kann durchaus geschehen, besonders wenn der Schauspieler in Techniken geübt ist, die auf die Einfühlung in den Geisteszustand der Rolle Wert legen, daß dieser Geisteszustand spontan seinen Ausdruck in Form natürlicher, unbeabsichtigter Zeichen wie Erröten findet, ohne daß der Schauspieler bewußt eine Technik anwendet, um Röte auf seinem Gesicht zu erzeugen. Tatsächlich konzentrieren sich bestimmte Schauspieltechniken darauf, den Schauspieler seine Rolle in der Phantasie mit solcher Intensität ‹leben› zu lassen, daß diese Zeichen spontan und ohne sein bewußtes Eingreifen sichtbar werden. Wenn das Gefühl der Figur genau empfunden ist, wird sein Ausdruck sich dem Publikum spontan mitteilen. (Diderot war mit seinem Dialog *Paradox über den Schauspieler* einer der ersten, der den Konflikt zwischen einer ‹emotiven› und einer ‹bewußten› Technik des Schauspielens hervorhob.)

Doch sogar ein Schauspieler, der jede Nuance seines Ausdrucks bewußt geplant hat, kann unbeabsichtigte Signifikanten hervorbringen, welche Elemente der Aussage in eine Aufführung einbringen können, die er nie geplant hat und die ihm unbewußt bleiben. Zum Beispiel könnte er stocken, wo die Figur fließend sprechen soll, nicht erröten, wo er es soll, oder erröten, wo er es nicht soll. Er kann auch einfach zu alt für seine Rolle sein (weil er falsch ‹besetzt› wurde) und so – wenigstens für einige Zuschauer – Information transportieren, die nicht in seiner Absicht liegt. Während einige dieser unbeabsichtigten Elemente auf Inkompetenz oder mangelnde künstlerische Begabung zurückzuführen sein können, muß immer daran gedacht werden, daß jede Aufführung unabhängig von der Brillanz und Kompetenz ihrer Urheber auch solche unbeabsichtigten Nebentöne enthalten muß. Allein die Tatsache, daß sich die Schauspieler in der ‹Laufzeit› von Live-Vorstellungen bewußt werden, daß an bestimmten Abenden ‹alles klappte›, daß eine elektrisierende Atmosphäre erzeugt wurde, während an anderen nichts ‹zusammenging›, beweist die Gegenwart solch unbeabsichtigter, nicht zu planender Faktoren. Auch im Film kann selbst die beste Einstellung, die aus den vielen ausgewählt wurde, die von einer einzigen Szene gedreht wurden, durchaus eine Reihe solcher unbeabsichtigten Faktoren enthalten. Das gleiche gilt sogar noch mehr für das Fernsehen, wo die Möglichkeiten zur Wiederholung aufgrund engerer Drehpläne viel geringer sind.

Wenn man den Prozeß des Schauspielens analysiert, ist es nützlich, sich über Wesen und Funktion der Wechselwirkung der Zeichensysteme bewußt zu sein, die dem Schauspieler zur Verfügung stehen.

In der *stimmlichen Interpretation* des Textes zum Beispiel gibt es einen Unterschied zwischen einer rein ikonischen – naturalistischen oder realistischen – Sprechweise, die eine so sorgfältige Reproduktion natürlichen Sprechens wie möglich anstrebt einerseits, und dem mehr ‹deklamatorischen› Stil, wo Heben und Senken der Tonhöhe, das Anziehen oder Verlangsamen des Tempos, der Gebrauch von ‹Vibrato›, eine tiefe Stimme für ernste und eine helle Stimme für spielerische Themen festgelegte symbolische Bedeutung haben.

Das gilt auch für den *Gesichtsausdruck*, wo das Spektrum ebenso von der Reproduktion natürlichen Ausdrucks (also des simulierten ‹nicht intentionalen› Zeichens als Ikon der Emotion) bis zur äußerst formalisierten Kunstfertigkeit zum Beispiel orientalischer Theaterstile reicht, wo das Heben einer Augenbraue, das Zucken mit den Mundwinkeln bestimmte traditionelle symbolische Bedeutung haben.

Solche symbolischen Elemente sind noch offensichtlicher im Bereich von *Gestik* und *Bewegung*, und zwar nicht nur in solchen Stilrichtungen wie japanischem Nô und Kabuki, klassischer chinesischer Oper oder indischem Kathakali, sondern auch in westlichen, formaleren dramatischen Stilrichtungen; Goethes Regeln für seine Schauspieler im Weimar des 18. Jahrhunderts, um nur ein berühmtes Beispiel zu nennen, schrieben den Schauspielern je nach dem sozialen ‹Rang› ihrer Rollen Haltung und Stellung auf der Bühne genauestens vor. Zum Beispiel:

«Sie sollen daher nicht aus mißverstandener Natürlichkeit untereinander spielen, als wenn kein Dritter dabei wäre; sie sollen nie im Profil spielen, noch den Zuschauern den Rücken zuwenden…

Ein Hauptpunkt aber ist, daß unter zwei zusammen Agierenden der Sprechende sich stets zurück, und der, welcher zu reden aufhört, sich ein wenig vor bewege…

Auf der rechten Seite steht immer die geachtete Person: Frauenzimmer, Ältere, Vornehmere... Wer auf der rechten Seite steht, behaupte daher sein Recht und lasse sich nicht gegen die Kulisse treiben...»[3]

Auch *Maske* und *Kostüm* verwenden, sogar in sonst realistischen Kontexten, einen beträchtlichen Teil symbolischer Signifikanten – man denke nur an die Tradition des schwarzen Kostüms für den Schurken im Western. Im orientalischen Drama werden Maske und Frisur stärker mit symbolischen Signifikanten befrachtet, während sie im Westen zu ikonischem Realismus neigen. Aber sogar hier findet sich oft ein symbolischer Subtext unter der realistischen Oberfläche.

3

Die Art und Weise, wie ein Schauspieler die Worte spricht, die ihm gegeben wurden, ist natürlich von entscheidender Wichtigkeit für die Aussage des Dramas. Die geschriebene Form eines Textes ist weit davon entfernt, eine eindeutige Angabe über seine ‹wirkliche› Aussage zu enthalten. Jacques Derrida hat zweifellos recht, wenn er die Möglichkeit leugnet, daß ein Text auch nur eine einzige endgültig richtige (‹metaphysische›) Aussage enthält. Notgedrungen (und manchmal durch die Stichworte des Regisseurs) schafft der Schauspieler also das, was letzten Endes seine eigene individuelle ‹Lesart› des Textes sein muß, die ihrerseits natürlich zu einem neuen ‹Text› wird, der den zahllosen einzelnen ‹Lesarten› des Publikums offensteht.

Nehmen Sie irgendeine Zeile des geschriebenen Textes irgendeines Stücks und machen Sie das Experiment, jedes Wort abwechselnd zu betonen. Sogar der einfachste Satz ändert nur durch den Wechsel der Betonung ein wenig seine Aussage: *Guten* Morgen! bedeutet etwas anderes als: Guten *Morgen*! Fügen Sie nun all die anderen Variablen hinzu: Heben oder Senken des Tonfalls; behaup-

3 Aus J. W. Goethe: «Regeln für Schauspieler», Bd. 31 der Gesamtausgabe. München: dtv 1962.

tende oder fragende Betonung; leise oder laut; schnell oder langsam; demütiger oder herrischer Vortrag; das Einfügen einer Pause vor, nach oder mitten in einem Satz.

Man kann argumentieren, daß die Stimmführung in gesungenen Formen des Dramas, besonders im Rezitativ, der Versuch ist, den stimmlichen Vortrag der Worte unveränderlicher und genauer festzulegen, als das im rein gesprochenen Dialog möglich ist. Einige Regisseure, die dazu neigen, den Schauspieler als ‹Übermarionette› zu behandeln, haben auch versucht, ihre Schauspieler an eine festgelegte, vorherbestimmte Stimmführung zu binden. Reinhardt notierte die Betonungen in seinem «Regiebuch» (seinem akribisch vorbereiteten Plan für jede Produktion) manchmal in Noten.

Doch natürlich wird die Bedeutung der Worte auf der gedruckten Seite eines Textes oder Drehbuchs nicht allein vom stimmlichen Vortrag bestimmt. Wir müssen nur die weiteren Indikatoren von anderen Zeichensystemen hinzufügen – ein bedrückter oder vergnügter Gesichtsausdruck, eine große Vielfalt von Gesten, eine langsame oder schnelle Bewegung in Richtung der angesprochenen Figur oder von ihr weg etc. –, und es wird offensichtlich, daß sogar die einfachste Formulierung eine enorme Skala verschiedenster Bedeutungen hervorbringen kann. Wenn das auf zwei alltägliche Worte zutrifft, dann steigt die Zahl der möglichen Permutationen für den Vortrag eines ganzen Textes fast ins Unendliche, höher als die möglichen Züge in einer Schachpartie. Die vielfältigen, potentiellen Variationen in Betonung und Klang der Worte eines dramatischen Textes fügen ihrer symbolischen Bedeutung als rein verbale Sprache also ein stark deiktisches Element hinzu.

Auch in den Systemen Gesichtsausdruck und Gestik spielen deiktische Zeichen offensichtlich eine wichtige Rolle. Ein Blick oder ein zeigender Finger enthalten oft wesentliche Information, die den Text ergänzt. «… Ich den beschnittnen Hund am Hals ergriff / Und traf ihn – so …» (*Othello* V, 2) ist ein deutliches Beispiel dafür, wie der Text nach der Geste verlangt, die allein dann den Worten ihre volle Aussage gibt. Das Wort «so» zwingt den Schauspieler dazu, eine Geste zu machen; es erreicht seine volle Bedeutung nur dann, wenn diese Geste ausgeführt wird. Das ist ein klares Beispiel für die Art, wie ein gut geschriebener dramatischer Text bereits Gesten des

Schauspielers enthalten und erzwingen kann und soll. Brecht spricht von «gestischer Sprache» und verweist so auf die gegenseitige Abhängigkeit und manchmal dialektische, kontrapunktische Beziehung zwischen den Zeichensystemen Wort, Gesichtsausdruck und Gestik im Drama. Das kann zusammengefaßt werden in dem Grundsatz, daß Worte nur dann benutzt werden sollten, wenn die Möglichkeiten dieser nonverbalen, visuellen Zeichensysteme erschöpft sind. Es ist zum Beispiel erstaunlich, wieviel gestischer Gehalt in den Texten von, sagen wir, Shakespeares Stücken während der Proben an die Oberfläche kommt, wenn sich die volle Bedeutung der deiktischen Worte wie «hier», «da», «so» aus der körperlichen Situation herausstellt, die an einem bestimmten Punkt in einer bestimmten Szene besteht. Dasselbe gilt für alle Stücke, die auf viel körperlicher Aktion beruhen – die *lazzi* der Commedia dell' arte, die ‹Späße› der Farce.

Im Film und im Fernsehen, wo Großaufnahmen den Schauspieler in intime Nähe zum Zuschauer bringen können, vergrößert sich die Menge an Information und Aussage, die von diesen Zeichensystemen getragen wird, enorm, und proportional nimmt die Wichtigkeit des verbalen Elements ab.

Es liegt in der Natur dieser Zeichensysteme, daß das Publikum Gesichtsausdruck und Gestik viel instinktiver und unbewußter dekodiert und interpretiert als verbale oder bildnerische Elemente. ‹Körpersprache› von der spektakulärsten Pose bis zum winzigsten Zucken der Lider gehört zu den ursprünglichsten aller Kommunikationsmedien, das Menschen mit den höherentwickelten Tieren teilen: Sie ruft viele, fast vollkommen instinktive automatische Reaktionen hervor. Es ist der Bereich, wo der ‹Bauch› des Zuschauers die heftigste ‹Empathie› für die vom Schauspieler verkörperte erfundene Figur hervorruft. Schreckgeweitete Augen, drohend zum Schlag erhobene Arme oder eben eine Frau, die in der Umarmung eines Mannes dahinschmilzt, werden vom konzentrierten Zuschauer körperlich ‹gefühlt›. Und diese Emotionen rufen im Publikum die entsprechenden körperlichen Reaktionen hervor: schneller Puls, schweres Atmen, Spannung in der Magengrube, sogar die körperlichen Symptome sexueller Erregung. Emotion wird hier fast telepathisch von Bühne, Leinwand oder Bildschirm auf das

Publikum übertragen. Daher neigt ein dramatisches Medium, das wie das Fernsehen nach einem Maximum von Aufmerksamkeit strebt, aufgrund genau dieser direkten körperlichen Wirkung dramatischer Handlung, ihrer bezwingenden, betroffen machenden und fast gänzlich instinktiven Kraft dazu, auf Gewalt zurückzugreifen. Auf diesem Gebiet vermischen sich, willentlich und unbewußt, instinktiv produzierte Signifikanten höchst kompliziert mit der Darstellung der Schauspieler.

4

Auch *Bewegung im dramatischen Raum* (im Gegensatz zur Bewegung des Blickwinkels der Kamera in Film und Fernsehen und folglich auf der Bühne weitaus wichtiger) enthält Bestandteile dieser zutiefst instinktiven Reaktionsweise. Der Abstand zwischen den Figuren, ihre Bewegungen aufeinander zu oder voneinander weg, ihre jeweiligen Positionen auf der Vertikalebene – über- oder untereinander, ihr Stehen, Hinsetzen und Aufstehen sind von ausschlaggebender Bedeutung für den Ausdruck ebenso wie die Richtungen, aus denen sie einander und dem Publikum gegenübertreten. Ein Auftritt aus der Diagonalen hat eine andere Wirkung als einer im rechten Winkel oder frontal zum Publikum.

Über die Bühne gehen, stillstehen, den Abstand zwischen zwei Figuren vergrößern oder verkleinern, das Arrangement der Figuren in bedeutungsvollen Bildern, das alles sind Beispiele für die bedeutungtragende Kraft der Bewegung der Schauspieler im Raum des Dramas (in semiotischem Jargon: Proxemik).

Solche Bewegung hat ihre offensichtlich ikonische Funktion, kann aber auch zum deiktischen Signifikanten werden. Eine Figur, die plötzlich aufsteht, sich setzt oder über die Bühne geht, zieht Aufmerksamkeit auf sich. Doch manchmal erhält Bewegung im dramatischen Raum auch symbolische Bedeutung. Wenn Brand in Ibsens großartigem Stück den Berg besteigt, dann bekommt seine Aufwärtsbewegung eine geistige Bedeutung, während die Bauchlandungen der Figuren in Becketts Stücken auf ihre Erdgebundenheit hinweisen.

Wenn eine Figur in Pinters *Tiefparterre* auf einem Stuhl Platz nimmt, dann kann das andeuten, daß sie von dem Raum Besitz ergriffen hat. Aber selbst in der realistischsten Gesellschaftskomödie haben das Aufstehen von einem Stuhl oder das wieder Hinsetzen wichtige psychologische und dramatische Bedeutung.

Wechsel in der räumlichen Verteilung der Figuren dienen nicht nur als notwendiges Ausdrucksmittel für den Handlungsverlauf als Indikatoren dafür, wann eine Pause oder ein Teil der Szene vorbei ist und ein neuer beginnt; sie müssen immer auch aus der psychologischen Situation der Figuren zu rechtfertigen sein und die dramatische Situation an eben dem Punkt der Handlung zum Ausdruck bringen.

John Gabriel Borkman, der wie ein eingesperrtes Tier ruhelos in seinem Zimmer auf und ab geht, Winnie in Becketts *Glückliche Tage*, die in einem Erdhügel steckt und immer tiefer sinkt, Hamlet, der in Ophelias Grab springt, Don Juan, der vom Schlund der Hölle verschluckt wird, die Figuren in Tschechows *Kirschgarten* oder Gorkis *Nachtasyl*, in Zweier- oder Dreiergruppen über eine weite Bühne verteilt, sind Beispiele dafür, wie solche Bewegung – oder ihr momentanes Erstarren zu statischen Bildern im Raum – wesentliche Aspekte der Aussage der betreffenden Dramen in einem einzigen dynamischen Bild einfangen kann.

Seit jeher wird die kunstvollste Bühnentechnik verwendet, um überraschende und aufsehenerregende Bewegungseffekte zu produzieren: das Erscheinen des ‹deus ex machina› von oben, die über die Bühne fliegenden Engel in florentinischen Mysterienspielen, die in Kirchen aufgeführt wurden, oder Peter Pan, der durch das Fenster des Kinderzimmers hereinfliegt.

Daß ‹reine› Bewegung ohne gesprochenen Text wirkungsvoll ‹Aussage› erzeugen kann, wird überzeugend illustriert durch solch extreme Fälle dramatischer Formen, in denen Bewegung dominiert – Pantomime, Tanz, Ballett – und dies nicht nur auf der Bühne, sondern auch in den filmischen Medien; man denke an die Tänze und Shownummern im Filmmusical oder an die immense Ausdruckskraft von Ballett im Fernsehen.

Im Bereich von Bewegung und räumlicher Anordnung vermischen sich instinktive Reaktionen, traditionelle und symbolische

Bedeutungen auch mit rein ikonischer Darstellung. Der König, der in seinem Thron sitzt auf einem Podest über seinen Untertanen, porträtiert ebenso realistisch die Situation im wirklichen Thronsaal, wie er eine symbolische Bedeutung ausdrückt, während sein Einnehmen der höchsten Position auch einen deiktischen Aspekt hat – er wird zum Brennpunkt der Handlung.

In diesem Beispiel reproduziert das ikonische Zeichen lediglich das symbolische Zeichen, das in der ‹wirklichen Welt› schon besteht; doch es gibt viele Fälle von vordergründig realistischen ‹Gruppierungen› oder ‹Arrangements›, die auch einen Kern allgemeiner, konventioneller, räumlicher Symbolik enthalten oder die aus einer spezifischen dramatischen Situation entstehen: wenn zum Beispiel Hamlet abseits von den Höflingen steht, die das königliche Paar umringen, oder wenn Romeo zu Julia auf ihrem Balkon emporblickt und sie als höheres Wesen bewundert.

Auf dem Gebiet der Pantomime – der dramatischen Kunstform, die der Bewegung die wichtigste Bedeutungsfunktion überträgt – gibt es einen ikonischen wie einen symbolischen Ansatz: Es gibt Künstler, die natürliche Bewegung zu imitieren und zu stilisieren versuchen – wie vieles in Marcel Marceaus Arbeit –, während andere Tendenzen in Europa und im Fernen Osten kunstvolle und komplexe symbolische Vokabularien von Gesten entwickelt haben, von denen jede eine bestimmte Bedeutung hat; dazu gehören das Pantomimentheater des großen französischen Pantomimen Debureau wie auch das System von Étienne Decroux, dem großen Pantomimelehrer dieses Jahrhunderts; und indisches Kathakali.

Das gleiche gilt für *Maske* und *Kostüm*. In manchen orientalischen Arten von Drama gibt es einen komplizierten Code, der die Bedeutung von Masken, Schminke und Kleidungsstücken vorschreibt. Im westlichen Drama transportieren Frisuren und Bärte und eine große Vielfalt von Kostümen simultan traditionelle – und daher symbolische – Information, während sie zur gleichen Zeit auch als deiktische Indikatoren fungieren, die durch ein aufwendigeres oder farbigeres Kostüm, eine Frisur oder Maske auf die zentrale Figur in einer Szene hinweisen.

Traditionelle Kostüme, die mit Amt und Gewerbe verknüpft sind, zeigen, ob eine Figur aus der Oberschicht stammt oder Proletarier, Hausmädchen, Polizist, Verbrecher, Soldat oder Arzt ist (oder in früheren sozialen Kontexten Schuhmacher, Zimmermann oder Schmied). Die Information, die von Kostüm und Maske transportiert wird, ist oft ein wesentliches Element in der Exposition von Drama.

Der Zuschauer von Drama muß etwas von den Talenten eines Sherlock Holmes haben, dieses archetypischen Semiotikers, der in der Lage war, in den Narben auf dem Gesicht irgendeiner Person, die er traf, und den winzigsten Elementen ihrer Kleidung ausgiebigste und genaueste Informationen zu entdecken. Das kleinste Detail in der Erscheinung einer Figur, der Schnitt ihrer Kleidung, ihre Gesichtsfarbe, die Schmutzflecken auf ihren Kleidern enthalten eine gewaltige Menge von Information und spielen daher eine wichtige Rolle in der Zeichnung von Figuren auf der Bühne, aber fast noch mehr auf Leinwand und Bildschirm, wo Nahaufnahmen die Aufmerksamkeit auf die kleinsten bedeutsamen Bestandteile lenken können. Im Drama, das seinen Ursprung in völlig anderen Kulturen hat – bei indischen oder japanischen Filmen zum Beispiel –, weiß ein westliches Publikum, das mit deren Codes nicht vertraut ist, oft nicht, wie es die Rollen verstehen soll. Dennoch muß man bedenken, daß dieser Dekodierungsprozeß nur teilweise bewußt ist: Viele Zuschauer werden dazu neigen, instinktiv auf den ‹Gesamteindruck› zu reagieren, der durch das Zusammenfließen vieler unbewußt wahrgenommener Charakteristika entsteht, vom Schnitt der Kleider bis zum Matsch auf den Schuhen der Figur (wie wir eben auch auf Leute, die wir im ‹wirklichen› Leben treffen, reagieren).

Zusätzlich zu den zahlreichen Details von Kostüm und Maske, die zusammen den weitgehend unbewußten *Eindruck*, den die Figur hervorruft, ergeben, trägt ein Kostüm auch wirkungsvoll zur Stimmung bei, zur Aura, die die erfundene Person durch die symbolische Kraft der Farbskala ihrer Schminke, Frisur und Kleidung umgibt. Dieser symbolischen Funktion von Maske und Kostüm muß ihre deiktische Funktion hinzugefügt werden: Die wichtigeren Figuren werden herausgehoben, und durch auffälligeres oder kontrastierendes Kostüm und Maske wird Aufmerksamkeit auf sie konzentriert.

Wie schon erwähnt, können Maske und Kostüm darüber hinaus

eine Rolle dabei spielen, die Wirksamkeit der Zeichensysteme von Gesichtsausdruck, Gestik und Bewegung zu verstärken. Perücken, der Schnitt von Kleidern, der Stil der Schuhe können die Größe und den Umfang eines Schauspielers (und den seiner Rolle) zunehmen oder abnehmen lassen, können ihn dazu zwingen, seine Gesten größer oder kleiner zu machen, und seine Art, sich zu bewegen, verändern. Alle diese Details tragen auf ikonischer, symbolischer und deiktischer Ebene Bedeutung.

Früher waren Kostüm und Maske dem Schauspieler selbst überlassen. In unserer Zeit werden sie zunehmend von Bühnen- und Kostümbildnern der dramatischen Produktionen bestimmt. In diesem Fall gibt es daher eine Überschneidung zwischen den Bereichen der Zeichensysteme, die auf den Schauspieler konzentriert sind, und solchen, die im wesentlichen die Domäne der Bühnenbildner und anderer Spezialisten im visuellen Bereich von dramatischer Aufführung sind, wie den Kostümbildnern, Maskenbildnern und Beleuchtern.

VII

Die Zeichen des Dramas: Bild und Gestaltung

I

Das grundlegendste Zeichensystem, mit dem der Bühnenbildner zu der komplexen Interaktion der Signifikanten beiträgt, die Information und Aussage in einer dramatischen Aufführung erzeugen – sogar bevor er ein ikonisches oder symbolisches ‹Bild› präsentiert –, ist das der *Infrastruktur der ‹Räume›*, die er schafft. Sie bestimmen in entscheidender Weise die Gestaltung der Bewegungen der Schauspieler. Indem er die Basis für Art und Tempo ihrer Bewegungen schafft, hat der Bühnenbildner großen Einfluß auf das Spiel der Darsteller: wie sie auftreten und abgehen, Treppen hinauf- und hinuntersteigen, sich aus bedeutungsvollen Richtungen (diagonal, frontal, im Profil) dem Publikum nähern oder zurückweichen und so eine Vielzahl von Stimmungen und Bedeutungen zum Ausdruck bringen.

Das Erscheinen des modernen Regisseurs ist eng verbunden mit dem Erkennen der Möglichkeit, durch moderne Technologie (Hydraulik, elektrische Beleuchtung) den Aufführungsraum zu formen. Vom Graf von Meiningen bis Gordon Craig, Adolphe Appia oder Terence Gray wurde dies ein Hauptanliegen von Gestaltung und Regie.

In Meyerholds «Biomechanik» wurde diese Aufgabe des Bühnenbilds besonders deutlich betont und kultiviert: Meyerholds Bühnenbildern fehlte häufig jede darstellende Funktion, sie lieferten lediglich die geometrische Infrastruktur für die Ausdrucksbewegungen der Schauspieler. Die Dynamik der Bewegung wurde hier eines der hauptsächlichen Bedeutungssysteme der Aufführung.

Obgleich die raumschaffende, dynamische Funktion des Bühnenbildners im Theater offensichtlicher in Erscheinung tritt, ist sie im Film keinesfalls unwichtig: Die spektakulären Massenbewegungen durch weite Marmorhallen oder enge Stadttore in den großen epischen Filmen oder die Bewegung gejagter Opfer in Horrorfilmen, die enge Wendeltreppen hinauf- oder hinunterjagen, sind Beispiele für das gleiche Phänomen, das aber oft von der spektakulären Dynamik, die die Beweglichkeit der Kamera produziert, überschattet wird.

Auf der Bühne hat der räumliche Aufbau auch wichtige Auswirkungen auf das *timing* der Aufführung (ein weiteres grundlegendes Element in der Wahrnehmung ihrer endgültigen Aussage). Zum Beispiel kann die Lage der Abgänge und Auftritte und deren Erreichbarkeit bestimmen, wie lange der Schauspieler braucht, um die Bühne zu betreten und wieder zu verlassen; die Gestaltung kann also den Fluß der Handlung verlangsamen oder beschleunigen und ihre grundlegend rhythmische Struktur entscheidend beeinflussen. Der Bühnenbildner im Theater übt so zumindest teilweise die Funktion des Cutters in den filmischen Medien aus.

2

Die offensichtlichste Funktion von *Bühnenbild* oder *Dekoration* ist eine informative, ikonische: Es ‹bildet› die Umgebung ab, in der sich die Handlung des Dramas entwickelt, und liefert viel von der grundlegend einführenden Information für das Verständnis des Zuschauers, indem es auf Ort und Zeit hinweist, auf die soziale Position der Figuren und viele andere wesentliche Aspekte des Dramas.

Auf der Bühne kann diese bildliche Exposition die Form von gemalten oder dreidimensionalen Bühnenbildern von unterschiedlichster Wirklichkeitsnähe annehmen, von *trompe-l'œil* zu mehr oder weniger totaler Abstraktheit.

In den filmischen Medien kann sie durch eine Dekoration im Studio, durch Rückprojektion oder durch ‹wirkliche› Hintergründe vermittelt werden. ‹Drehorte› sind, obwohl ‹wirklich›, im selben Sinne Zeichen, in dem der wirkliche Mensch, der Schauspieler, ein

Zeichen für eine erfundene Figur ist. Sogar ein gefilmtes konkretes Bild einer ‹wirklichen› Straße in London oder New York wird ein Zeichen für eine Straße in einem erfundenen London oder New York. Doch kann eine ‹wirkliche› Straße in München oder Helsinki auch die Rolle einer Straße in, sagen wir, Moskau oder Leningrad spielen, oder ein Streifen Sanddünen in Kent kann für die nordafrikanische Wüste im Zweiten Weltkrieg stehen. Wie auch immer, ob die Hintergründe ‹wirklich› oder im Studio konstruiert sind, ändert nicht ihre Eigenschaft als Bestandteile der ‹Gestaltung›. Indem er Innen- und Außendrehorte aussucht, erschafft der Bühnenbildner sie als bedeutsame Bestandteile, die letzten Endes genau die gleiche Funktion erfüllen wie solche, die er aus eigener Phantasie konstruiert.

Das Fotografische des gefilmten Dramas erfordert einen höheren Grad von Realismus als die Bühne. Daher können Bühnenbilder mit einem gewissen Maß an Abstraktion arbeiten und sogar (wie in dem Beispiel von Meyerholds «Biomechanik») vollkommen abstrakte Entwürfe sein. Solchen abstrakten Bühnenbildern fehlt deutlich das ikonische Element.

Doch halb-abstrakte Bühnenbilder sind Ikonen, auch wenn sie nur ausgewählte Teile der Wirklichkeit, für die sie stehen, andeuten: wie einen Türrahmen für eine Tür, eine Umrißlinie für ein Haus etc. Denn es gehört zum Wesen der ikonischen Zeichen, daß sie nicht vollkommen abbildend sein müssen. Tatsächlich können sie zu formalisierten Abstraktionen werden (die schematisierten Figuren von Mann und Frau an Toilettentüren, die gekreuzten Messer und Gabeln in den Flugplänen der Luftfahrtgesellschaften) bis zu dem Punkt, wo sie langsam zu Hieroglyphen oder Ideogrammen werden und sich schließlich in völlig konventionelle Symbole verwandeln.

Paradoxerweise können im Theater wirkliche Menschen – die Schauspieler – überzeugend mit hochstilisierten oder abstrakten Darstellungen ihrer Umgebung interagieren. Sie können schematische oder sogar nicht existierende Türen öffnen und sich zwischen mehreren solcher angedeuteten Umgebungen innerhalb eines engen Bühnenraums frei bewegen. Also kann *Gestik* ein Bestandteil bildlicher Gestaltung werden: Ein Schauspieler, der durch ein imaginäres Fenster blickt oder gebückt durch eine niedrig angenommene Türöffnung geht, kann tatsächlich diese Bilder in der Vorstellung des Zuschauers hervorrufen. Sogar der Tonfall der Schauspielerstimme kann Raum schaffen: Ein Schauspieler, der einer anderen Figur auf der Hinterbühne etwas zuruft, indem er seine Stimme ‹wirft›, als wolle er über eine große Distanz kommunizieren, kann sogar auf der winzigsten Bühne die Weite eines Waldes oder einer Wüste suggerieren. Hier kommt das *Prinzip des Primats von Schauspieler und Handlung* ins Spiel. Handlung kann Bilder schaffen, Raum definieren.

Im griechischen, mittelalterlichen und elisabethanischen Drama, um nur die bekanntesten Beispiele zu zitieren, wurde das ikonische Element auf der Bühne in beträchtlichem Maß durch Worte und Gesten suggeriert anstatt durch gegenständliche Elemente.

Im berühmten Prolog zu *König Heinrich V.* ermahnt Shakespeare (zweifellos ein sehr erfahrener und bewußter praktischer Semiotiker der Bühne) das Publikum, seine Phantasie zu nutzen, so daß die Schauspieler, «Nullen dieser großen Summe, / auf Eure einbildsamen Kräfte wirken» können, und fordert die Zuschauer auf: «Ergänzt mit den Gedanken unsre Mängel…/ Denkt, wenn wir Pferde nennen, daß ihr sie / Den stolzen Huf seht in die Erde prägen; / Denn euer Sinn muß unsre Kön'ge schmücken. / Bringt hin und her sie, überspringt die Zeiten, / Verkürzet das Ereignis manches Jahrs / zum Stundenglase…» Laurence Olivier begann seine Verfilmung des Stücks mit dem realistischen Bild eines elisabethanischen Schauspielhauses, in dem der Prolog diese Zeilen vortrug, und zeigte den Beginn der Handlung, wie er vom elisabethanischen Zuschauer auf dieser einfachen Bühne gesehen wurde. Dann verlegte er nach und nach, um das Arbeiten der Phantasie des Publikums anzudeuten, die Handlung vor gemalte Prospekte und schließlich in die ganze fotografische ‹Wirklichkeit› der historischen Dichtung des Stücks, wie sie in der Phantasie des Zuschauers erschienen sein könnte, nur um am Ende in die erste äußere ‹Wirklichkeit› des elisabethanischen Schauspielhauses zurückzukehren.

Zusätzlich zu ihrer ikonischen Funktion haben die Gestaltung von Bühnenbild und Kostümen eine symbolische Komponente: Die Stimmung und Bedeutung einer dramatischen Aufführung kann zum Beispiel durch ein *grundlegendes Farbschema* bestimmt sein oder durch die Entscheidung sowohl für Bühnenbild als auch für Kostüme, einen bestimmten künstlerischen Stil – gotisch, barock, futuristisch – zu adaptieren.

3

Requisiten – Möbel, Geräte, Musikinstrumente und andere beweglliche Gegenstände, die im dramatischen Raum vorhanden sind und von den Figuren benutzt werden – sind im wesentlichen Teil der gesamten Gestaltung. ‹Wirkliche› Gegenstände sowie Tische, Stühle, Schwerter, die in diesem Kontext benutzt werden, haben denselben zweifachen Aspekt wie die wirklichen Menschen, die die Rollen verkörpern: Ein Stuhl, der in einer Aufführung von *Hamlet* benutzt wird, ist ein Zeichen für einen erfundenen Stuhl im Schloß von Helsingör in einer mystischen Vergangenheit und hat daher eine ‹stellvertretende Rolle›. Gleichzeitig kann er selbst bewundert werden als hervorragend gestalteter Gegenstand, vielleicht sogar als echte Antiquität, die ein Zuschauer gern kaufen würde. Die Gegenstände, mit denen Schauspieler umgehen, die Möbel, die sie benutzen, können auch wichtige symbolische Bedeutung haben: Eine Krone kann für das Prinzip der Königswürde stehen, wie das sehr wirkungsvoll in Shakespeares *König Richard II.* der Fall ist, oder ein Brief kann den Sturz oder die Zerstörung des Helden symbolisieren. Im Melodrama dreht sich ein Großteil der Handlung um solche mit symbolischer Bedeutung besetzten Gegenstände.

Dennoch ist hier paradoxerweise ein zu vollständiger ikonischer Realismus keineswegs erforderlich. Auch Gegenstände gehorchen dem Prinzip des Primats der Handlung im Drama. Requisiten können – wenigstens auf der Bühne, jedoch weit weniger im gefilmten Drama – durch die Handlungen der Schauspieler vollständig vorgetäuscht werden: Die Figuren können nicht vorhandenen Wein trinken und nicht vorhandene Geräte benutzen und dennoch die Phantasie des Publikums zufriedenstellen.

Die Verwendung von Licht spielt unter den bildlichen Bedeutungssystemen des Dramas eine zunehmend wichtige Rolle. Es hat eine
deutlich ikonische Funktion, indem es Tag und Nacht anzeigt, son-
niges oder trübes Wetter etc. und auf ähnlich deutliche Weise symbolische Aspekte sichtbar macht. Einer der ersten großen Regisseure, der das wichtige Potential elektrischer Beleuchtung im
Theater erkannte, Max Reinhardt, sprach von der Möglichkeit, die
Bühne mit farbigem und modifiziertem Licht zu ‹bemalen›.

Aber die wichtigste Funktion von Licht in der dramatischen Aufführung ist deiktisch. Es ist die Beleuchtung, die Aufmerksamkeit
auf die Brennpunkte der Handlung lenken kann, fast buchstäblich
ein ‹Zeige›-Finger, der auf den Bereich größten Interesses deutet.
Ein Spot kann die Aufmerksamkeit auf die Hauptfigur lenken und
ihren Bewegungen folgen, kann einen wichtigen Gegenstand hervorheben. Das gilt für die Bühne wie für die filmischen Medien.
Tatsächlich ist der Beleuchter neben dem Kameramann eine der be-
herrschenden kreativen Persönlichkeiten im Film. Auf der Bühne
haben die hochentwickelten Beleuchtungsapparaturen, die heutzutage elektronisch vorprogrammierbar sind, zu immer ausgeklügel-
teren Nuancen in komplexen und raffinierten Beleuchtungsplänen
geführt.

Stil und Details der Beleuchtung können – im Theater wie im
filmischen Medium – die ‹Struktur› der Aufführung bestimmen. Sie
kann die Handlung durchgehend in einem Chiaroscuro halten oder
wie in dem Stil, den Brecht vertrat, in gleichmäßige und gleißende
Klarheit tauchen (sogar in Szenen, die in der Nacht spielen, was
dann durch Requisiten wie Lampen oder Kerzen angedeutet werden muß), mit all den unzähligen Variationen, die zwischen diesen
beiden Extremen liegen.

Der architektonische Rahmen einer Aufführung, die Schauspieler und ihre Handlungen, die Bühnenbilder, Kostüme und die Beleuchtung sind alle bildliche Zeichensysteme, die die Grundlage
von Drama sind. ‹Theatron›, ‹Theater› meint einen Ort zum Guk-
ken. Im Englischen spricht man davon, in eine ‹Show› zu gehen, im
Deutschen ist ein Stück ein ‹Schau-Spiel›, im Französischen ‹un

spectacle›. Was sehen die Engländer, wenn sie ins Kino gehen? ‹Pictures›. Und die Betonung in dem englischen Ausdruck ‹television› liegt auf ‹vision›. Wie Goethe es in den Worten seines erfahrenen Theaterdirektors in *Faust* («Vorspiel auf dem Theater») ausdrückt:

> «Man kommt zu schaun, man will am liebsten sehn.
> Wird vieles vor den Augen abgesponnen,
> so dass die Menge staunend gaffen kann,
> Da habt ihr in der Breite gleich gewonnen,
> Ihr seid ein vielgeliebter Mann.»

Aus diesem Grund habe ich eine Betrachtung über die bildlichen Aspekte von Drama vor das gestellt, was in der akademischen Diskussion überwiegend als sein wesentlicher Bestandteil angesehen wird, die *Worte*, die von den Figuren gesprochen werden.

VIII

Die Zeichen des Dramas:
die Worte

I

Weil der einzige Teil des dramatischen Ereignisses, der einen dauerhaften Rest für die Nachwelt hinterläßt, normalerweise die schriftliche Aufzeichnung ist (und weil das Drama zumeist ohne Worte oder ohne geschriebenes Manuskript, genaugenommen die überwiegende Mehrheit aller dramatischen Aufführungen, die jemals stattfanden, überhaupt keine Aufzeichnungen hinterlassen haben), wird der Text von Kritikern und Geisteswissenschaftlern als der wesentliche Bestandteil des Dramas betrachtet. Tatsächlich wurde er oft zum Synonym für das Ganze des Dramas, etwas, das der ‹platonischen Idee› des Stücks ähnelt, wobei die Aufführung nur im besten Fall eine unperfekte Realisation dieses metaphysischen Gebildes sein konnte. Daß diese Ansicht durchaus nicht allgemeingültig ist, wird durch Grenzbereiche von Drama wie Pantomime, Gebärdenspiel oder Ballett deutlich, denen jedes verbale Element fehlt, oder durch die *commedia dell'arte*, wo nur die Grundlinie der Handlung vorbestimmt und das verbale Element daher per Definition nicht festgelegt ist; oder durch den Stummfilm, wo das verbale Element in Untertitel verwiesen wurde und wo die Qualität der Arbeit umgekehrt proportional zur Anzahl der Untertitel stand, die gebraucht wurden, um sie verständlich zu machen.

Soweit es Bühnendrama betrifft, hat das Bestehen der Literaturwissenschaftler auf dem Primat des Textes zumindest teilweise Gültigkeit. Das heißt bis zu dem Grad, in dem der Text eines Stücks gelesen werden *kann*, ist er Literatur und kann analysiert und interpretiert werden, als sei er Lyrik, Prosa oder eine Form der Erzählung. Doch wird in Texten, die von Anfang an für Aufführung geschaffen wurden, ein Teil des verbalen Elements ohne eine phantasievolle Rekonstruktion der Aufführung, die der Text hervorzurufen bestimmt war, unverständlich bleiben.

Allerdings gibt das Bleibende des Textes (solcher Aufführungen, die das Glück hatten, als Manuskript oder Druck zu überleben) – im Gegensatz zur Vergänglichkeit der anderen Signifikanten – solchen Bühnenstücken, die im Druck überlebt haben, einen unschätzbaren Vorteil gegenüber Film- und Fernsehdrama. Denn sie ermöglicht diesen Texten, in einer großen Zahl unterschiedlicher Aufführungen in unterschiedlichen Umgebungen und unterschiedlichen Epochen wiedergeboren zu werden, und macht sie so flexibel genug, um relativ leicht an nachfolgende historische, kulturelle und technologische Bedingungen angepaßt zu werden und mehrere Jahrhunderte lang lebendig zu bleiben.

Die Texte von Stücken, so wie sie heute verfügbar sind, enthalten natürlich Hinweise auf die anderen beteiligten Bedeutungssysteme in Form von Regieanweisungen. Roman Ingarden unterscheidet den «Haupttext» und den «Nebentext» eines Stücks [1]; letzterer bestehend aus den Regieanweisungen, während ersterer das tatsächlich auf der Bühne von den Schauspielern gesprochene Wort umfaßt. Somit ist der «Haupttext» der einzige Teil des Textes, der den Zuschauern einer Aufführung als Erzeuger von Aussage zur Verfügung steht, während der «Nebentext» in Form anderer nonverbaler Zeichensysteme erscheint. Doch sehr oft ist der «Nebentext» überhaupt nicht vorhanden (wie in den überlieferten Texten der griechischen Stücke), oder er ist äußerst knapp und vage (wie in den Regieanweisungen des elisabethanischen Dramas). Daher schaffen Regisseur, Bühnen- und Kostümbildner und die Schauspieler in modernen Aufführungen dieser Stücke ihre eigenen, oft höchst individuellen «Nebentexte». In den mechanisch reproduzierbaren

---

1 Roman Ingarden, «Von den Funktionen der Sprache im Theaterschauspiel», Anhang zu *Das Literarische Kunstwerk*. 2. Aufl. Tübingen: Max Niemeyer 1960, S. 403.

Formen des Dramas (Film und Fernsehen) sind «Haupttext» und «Nebentext» unauflöslich verschmolzen. In veröffentlichten Versionen von Drehbüchern nimmt der «Nebentext» einen weitaus größeren Teil des Buchs ein als bei Bühnenstücken, was einer der Gründe dafür ist, warum es so viel schwieriger ist, das Lesen gedruckter Versionen von Film- oder Fernsehdrehbüchern zu genießen. In solchen Formen des Dramas überwiegen die visuellen Bestandteile mit dem Ergebnis, daß den verbalen Aufzeichnungen der Bilder die plastische Kraft beschreibender Passagen in erzählender Literatur fehlt. Die Vermischung von Text und Aufführung ist einer der Gründe, warum ‹Remakes› des gleichen Stoffs im Film zu vollkommen unterschiedlichen Werken mit oft äußerst unterschiedlichen Aussagen führen, Beweis dafür, daß die Worte, die tatsächlich gesprochen werden – und auf der gedruckten Seite von Stücken erscheinen, die aus vergangenen Epochen überliefert sind –, weit entfernt davon sind, das Ganze des Dramas zu sein, daß sogar die Texte von Bühnenstücken, bei denen der Akzent stärker auf der Sprache liegt, keinesfalls die ‹platonische Idee› des Schauspiels repräsentieren, sondern lediglich einen wichtigen Bestandteil, der für den Zuschauer einer bestimmten Aufführung der letztendlich maßgebende Faktor für ihre Aussage sein kann, aber nicht muß.

2

Ungeachtet dieses Vorbehalts enthält der Text eines dramatischen Werks natürlich eine Fülle von außerordentlich wichtigen Aussage produzierenden Bestandteilen. Da ist die grundlegende *lexikalische Bedeutung* der Worte selbst, ihre syntaktische Bedeutung, ihre Bedeutung in Beziehung auf die Umstände in der ‹wirklichen› Welt (zum Beispiel in einem politischen Drama, das darauf abzielt, eine soziale Situation zu kommentieren), kurz die ganze Skala dessen, wie Rede im täglichen Leben Aussage transportiert. Die Worte des dramatischen Dialogs stimmen mit allem überein, was wir über den Gebrauch der Sprache als Medium menschlichen Umgangs wissen.

Sie sind «Sprechakte», wie sie von J. L. Austin[2] und J. R. Searle[3] beschrieben und analysiert worden sind, und auch Vehikel zur Übermittlung sachlicher und emotionaler Information. Zusätzlich gibt es im Drama Aussage produzierende Stilelemente des Textes: ob er in Prosa oder in Versen oder in einer Mischung von beidem geschrieben ist, ob der Stil des Textes auf ein hohes oder niedriges sprachliches Niveau abzielt. Die Worte dienen auch zur *Individualisierung* von Figuren, indem sie jeder ihre eigene Redeweise, ihr Vokabular, regionalen Dialekt oder professionellen Jargon etc. geben. Auch durch die gesamte *Struktur des Dialogs* produziert der verbale Text Aussage. Er verkörpert die ‹erzählende› Technik, mit der die Handlung durch die Szenenfolge strukturiert wird; die Dynamik von Kontrasten zwischen langen und kurzen, lauten und leisen Teilen, Wiederholung und Assonanz; den Rhythmen, die dem Dialog innewohnen, den Pausen und der Stille, die, selbst wenn sie nicht durch Regieanweisungen («Nebentext») angegeben werden, in gut geschriebenen Texten zwingend von Wort und Satzstruktur und vom subtilen ‹Timing› des Dialogs vorgeschrieben werden.

Darüber hinaus produziert jedes Sprechen im Drama Aussage auf mehreren Ebenen. Während eine Figur mit einem Satz einer anderen eine bestimmte Aussage mitteilt, wird derselbe Satz für das Publikum zusätzlich eine andere und vielleicht dramatisch wichtigere Aussage transportieren. Figur A (sagen wir: Jago) kann Figur B (sagen wir: Othello) sagen, daß er sie respektiert; aber das Publikum, das ihre früheren Äußerungen gehört hat, wird wissen, daß sie lügt und daß eine unheilvolle Kette von Ereignissen eingeleitet worden ist. Die Worte, die zwischen den Figuren gesprochen werden, sind für das Publikum immer mit einer anderen Bedeutung behaftet. Wenn Nora Hellmer am Anfang von Ibsens *Nora* dem Träger eine Krone gibt, nachdem er den Weihnachtsbaum für sie hochgetragen hat, seine Dienste mit nur fünfzig Öre bezahlt haben wollte und sie ihn dann auffordert, den Rest zu behalten[4], dann erzählen ihre Worte dem Publikum auch, daß sie eine großzügige, eine unbe-

2 J. L. Austin, *Zur Theorie der Sprechakte*. Stuttgart: Reclam Universal-Bibliothek.
3 J. R. Searle, *Speech Acts: An Essay in the Philosophy of Language*. Cambridge: Cambridge University Press 1969.
4 Ibsen, *Nora oder Ein Puppenheim*, 1. Akt, 1. Szene.

kümmert großzügige Person ist, wie auch einiges andere mehr: ihre soziale Position, ein Bedürfnis, sich zu behaupten etc., was durch die Handlung später erklärt werden wird. Jedes Wort im dramatischen Dialog ist (mindestens) doppelt befrachtet: mit der faktischen Bedeutung der Worte einerseits und der Information, die sie über den Charakter des Sprechenden hervorbringen, andererseits. Außerdem ist das Dekodieren dieses zweiten Bedeutungsstrangs ein kontinuierlicher Prozeß, in dem jede neue Zeile des Dialogs dem Charakterporträt, das mit all seiner Dialektik aus inneren Widersprüchen und Inkonsequenzen aufgebaut wird, ein Detail hinzufügt.

In Ibsens Text sagt Nora tatsächlich: «Behalten Sie den Rest.» Aber in der Aufführung ist dieser Satz nicht zwingend. Sie könnte ihre Absicht genausogut mit einer kleinen Geste zeigen, indem sie dem Träger das Geld zurückgäbe oder durch ein bloßes Lächeln. Das unterstreicht einen der grundlegenden Unterschiede zwischen literarischem und dramatischem Text. Der dramatische Text ist immer unvollständig. Wie Ingarden hervorhebt[5], stellt Drama seine Welt dar durch:

> «1) Gegenständlichkeiten (Dinge, Menschen, Vorgänge), die dem Zuschauer durch das Spiel der Schauspieler bzw. der Dekorationen *ausschließlich* auf wahrnehmungsmäßige Weise gezeigt, präsentiert werden; 2) Gegenständlichkeiten, die sozusagen auf doppeltem Wege zur Darstellung gelangen, erstens in wahrnehmungsmäßiger Erscheinungsweise (...) zweitens aber durch sprachliche Darstellungsweise, indem von ihnen auf der Bühne die Rede ist. (...) 3) Gegenständlichkeiten, die *ausschließlich* mit sprachlichen Mitteln zur Darstellung gelangen, die also ‹auf der Bühne› nicht gezeigt werden, obwohl von ihnen im Haupttext die Rede ist. (...)»

Dazu gehören zum Beispiel Erzählungen von Ereignissen, die außerhalb der räumlichen oder zeitlichen Grenzen der Handlung stattgefunden haben.

Betont werden muß hier das Primat der ersten Kategorie von Indikatoren (den nonverbalen) über den Text. Drama ist im wesentlichen mimetische *Handlung*. Wenn es einen Widerspruch zwischen

---

5 Ingarden, ebenda, S. 405.

Worten und Handlung gibt, ist die Handlung ausschlaggebend. Ein gutes Beispiel dafür ist der Schluß von *Warten auf Godot*, wo der verbalen Ermahnung «Gehen wir!» von der im «Nebentext» angegebenen Handlung widersprochen wird: «Sie gehen nicht von der Stelle.» (Hier zeigt sich übrigens die literarische Befangenheit des kritischen Vokabulars: Der «Nebentext» ist in Wirklichkeit immer wichtiger als der «Haupttext».) Ob es der Mörder ist, der Liebesworte spricht, während er einen Dolch in den Körper seines Opfers sticht, oder der sterbende Mann, der seinen Freunden versichert, daß er sich gut fühlt, die Handlung gewinnt stets die Oberhand über die Worte; und zwar setzt sie die Worte in einen ironischen Kontext, indem sie ihre Ohnmacht im Angesicht der Ereignisse offenbart, die hinter den Worten stehen.

Wenn Drama Handlung ist, dann muß das verbale Element im Drama auch vorrangig als *Handlung* fungieren. Die geäußerten Worte erhalten ihre Bedeutung weniger durch das, was ihr lexikalischer oder syntaktischer Gehalt ausdrückt, als durch das, was sie mit den Figuren *tun*, an die sie gerichtet sind, oder in monologischen Abschnitten mit den Figuren, die sie sprechen (man denke an Hamlets Selbstgespräch «O welch ein Schurk' und niedrer Sklav' bin ich!», mit dem er seine Gedanken klärt und einen neuen Plan zum Handeln entwirft). Es gibt zwei Arten von Selbstgesprächen und monologischer Rede: Entweder die Figur geht mit sich selbst zu Rate, wobei das Publikum ihre innersten Gedanken nur belauscht, oder sie wendet sich ausdrücklich direkt ans Publikum. Im ersten Fall wirkt die Figur auf sich selbst ein (‹ändert ihre Meinung›), im zweiten wirkt sie auf das Publikum ein.

Wenn die gesprochenen Worte im Widerspruch zur Handlung der Figuren stehen, sind sie natürlich doch Teil der Handlung, offenbaren ihre Komplexität und gemischte Motivation. Wo einfache, wortlose Handlung ausreicht, um zu zeigen, was geschieht, sind Worte redundant.

Einer der größten Schauspiellehrer unserer Zeit, Jacques Lecoq, läßt seine Studenten mit ‹Situationen› beginnen, in denen sie in verschiedenen sozialen Rollen Reaktionen aufeinander improvisieren müssen (zum Beispiel Gäste auf einer Party, die einander nicht vorgestellt worden sind). Sie müssen solange wie möglich schweigend

miteinander umgehen und dürfen nur sprechen, wenn Worte absolut unumgänglich werden. Das verkörpert eines der grundlegenden
Prinzipien der ‹Ökonomie› des Dramas: Alles, was ohne Worte auszudrücken ist, sollte ohne sie auskommen. Aus diesem Grund ist
Dialog im Film weniger wichtig. Die Kamera kann durch ihr deiktisches Handeln weit mehr Information transportieren, als das auf
der Bühne möglich ist.

3

Die Bedeutung sprachlicher Äußerung der Figuren im Drama kann
nie nur isoliert vom dramatischen Kontext, in dem sie auftaucht,
und der *Handlung*, die sie darstellt, analysiert werden. Da Handlung aber immer von der Figur kommt, muß die Bedeutung einer
dramatischen Äußerung auch immer im Licht des Charakters, von
dem sie ausgeht, verstanden werden. Ein Dramatiker kann niemals
eine Erklärung in seinem eigenen Namen abgeben, innerhalb des
Dialogs (oder der Monologe oder der ‹A parts›, der ‹beiseite› gesprochenen Texte der Figuren) seine eigene Meinung äußern. Wenn
Autoren von Shakespeare bis Brecht ihren eigenen Kommentar zur
Handlung abgeben wollen, müssen sie auf Prologe, Epiloge oder
Lieder zurückgreifen, die von Schauspielern vorgetragen werden,
die sichtbar aus ihren Rollen herausgetreten sind. Sogar so ‹erzählende› Passagen, die von Figuren wie dem Sänger in *Der kaukasische Kreidekreis* gesprochen werden, können nicht ‹gänzlich› als
Meinung des Autors begriffen werden. Die Subjektivität der Figur
(in diesem Fall ein kaukasischer Volksdichter) muß immer berück-
sichtigt werden. Auch im Film muß ein echter Kommentar des Autors auf ‹voice-overs› außerhalb der Handlung beschränkt bleiben
oder auf Untertitel, wie sie vom Stummfilm und von Regisseuren
mit ‹brechtschem› Einschlag wie Godard benutzt wurden.

Auch kann keinem der von einer Figur im Drama gesprochenen
Worte ohne weiteres geglaubt werden. Sie sind immer das Produkt
der Figur, der Motivationen der Figur und der Situation, in der sie
sich befindet. Das Publikum ist ständig gezwungen, diese Motivationen zu hinterfragen und sie, im Licht der sich entwickelnden Si-

tuationen, ständiger Analyse zu unterziehen. Eine aufgestellte Behauptung kann durch nachfolgende Ereignisse bewiesen werden oder zweifelhaft erscheinen. Hier hängt auch viel ab von der oft diskutierten Dialektik zwischen dem, was die Figuren wissen oder nicht wissen, und dem, was das Publikum weiß, was die Figuren vielleicht nicht wissen. Wenn in Dürrenmatts oft zitiertem Beispiel[6] zwei Figuren Kaffee trinken, wird die Sache dann dramatisch, wenn das Publikum weiß, daß eine der Tassen oder sogar beide vergiftet sind und entweder eine oder beide Figuren das nicht wissen. Die Worte, die von diesen beiden Figuren in einer solchen Situation gesprochen werden, können von äußerster Trivialität sein. Es ist die Situation, die sie mit einem Höchstmaß an Bedeutung belädt. Diese Art ‹dramatischer Ironie› ist bis heute einer der ältesten Kunstgriffe des Dramas von Ödipus' Bestehen auf dem Erfahren der vollen Wahrheit bis zu der Spannung, die dadurch entsteht, daß das Publikum weiß, daß Laertes' Florett vergiftet ist; oder Wallensteins scheinbar nebensächliche Bemerkung, daß er vorhabe, diese Nacht lange zu schlafen, wenn das Publikum schon weiß, daß seine Ermordung unmittelbar bevorsteht.

4

Der Begriff ‹Subtext›, der seit Tschechow so bekannt geworden ist, unterstreicht nur das komplexe Palimpsest der Aussagen, die ein dramatischer Text bildet. Es ist nicht nur der Autor des Stücks, der niemals seine Meinung oder Botschaft im Drama ausdrücken kann, weil sie immer nur die Meinung einer der Figuren sein wird. Die Figuren selbst, besonders im Drama nach Tschechow, können auch nur selten sagen, was sie wirklich meinen, einfach deshalb, weil Menschen im wirklichen Leben es häufig vermeiden, allzu direkt zu sein, und zwischenmenschliche Probleme von ihnen nur selten dadurch gelöst werden, daß sie darüber sprechen. Wie der Dichter Hugo von Hofmannsthal es ausdrückte, als er eines seiner Libretti

---

6 F. Dürrenmatt, «Theaterprobleme», in: *Theater-Schriften und Reden*. Zürich: Arche 1966, S. 111–12.

mit dem Komponisten Richard Strauß besprach: «Aber ist Ihnen nie aufgefallen, daß im Leben durch Reden nie etwas entschieden wird? Man ist nie so allein, so überzeugt von der Unlösbarkeit einer Situation, als nachdem man sie durch Reden zu lösen versucht hat.» [7]

Es liegt an der dialektischen Wechselwirkung zwischen der Situation, wie sie sich aus der Kette der vorangegangenen Situationen entwickelt hat einerseits, und den Worten, die gesprochen werden andererseits, daß der Subtext, die tieferen, unausgesprochenen Gedanken und Gefühle der Figuren für den aufmerksamen und aufnahmebereiten Zuschauer, der die Kunst des Dekodierens solch subtilen Zusammenspiels von Zeichen oft instinktiv gemeistert hat, schließlich zum Vorschein kommen.

Also leitet sich die ‹Aussage› der im Drama gesprochenen Worte in letzter Konsequenz (unabhängig von ihren rein lexikalischen, syntaktischen, verweisenden, metrischen und anderen Bedeutungen, bei rein literarischer Interpretation) aus der Überlegung her, *wer* mit diesen Worten *was* mit *wem* unter *welchen Bedingungen* macht. Oder knapper, im Drama leitet sich die Aussage der Worte letztlich aus der *Situation* her, der sie entspringen.

Auch das ist die Quelle dieser ‹Poesie der Bühne› und der Leinwand, die die trivialsten Alltagsäußerungen mit solch überwältigend emotionaler Kraft ausstattet (Lears «Pray you undo this button»; Michèle Morgans «Qu'il est difficile, vivre!» in Marcel Carnés *Quai Des Brumes*). Und es ist genau die verbale Ökonomie der Äußerung, in einem Kontext, der von nonverbalen Zeichensystemen definiert ist wie auch von der ‹Situation› der Äußerung in der Folge der Ereignisse, die solchen Worten ihre immense Wirkung gibt.

Drama kann also als Sequenz gesehen werden, ein Kontinuum von *Situationen*. Das zeigt eine weitere wesentliche Unterscheidung zwischen einem dramatischen und einem literarischen Text: Aufgeführt existiert und entfaltet sich ein dramatischer Text sowohl in der Zeit als auch im Raum, während der gelesene Text außerhalb

7 Hugo von Hofmannsthal, «Die ägyptische Helena», in: *Prosa IV*. Frankfurt/M.: S. Fischer 1955, S. 458.

eines strengen zeitlichen Rahmens verbleibt. Während es möglich ist, einen gelesenen Text zu unterbrechen oder beiseite zu legen, ist eines der hauptsächlichen Unterscheidungsmerkmale eines dramatischen Textes in der Aufführung ein anhaltendes und irreversibles Fortschreiten von Situation zu Situation innerhalb jedes seiner grundlegend strukturellen Bestandteile (Szenen, Akte, Sequenzen). Eine dramatische Aufführung wird folglich zu einer klar umrissenen ‹Konstruktion-in-Zeit› mit eigenen, wichtigen Merkmalen: Tempo, Rhythmus, Variationen in Höhe und Lautstärke und den formalen Strukturen, die solche Variationen schaffen.

Diese zeitliche Dimension ist es, die Drama mit seiner verwandten Aufführungskunst, der Musik, teilt.

IX

Die Zeichen des Dramas:
Musik und Ton

Nietzsche sprach von der «Geburt der Tragödie aus dem Geiste der Musik». Ob man bereit ist, ihm auf dem ganzen Weg seiner poetischen Vision zu folgen oder nicht, es ist zweifellos richtig, daß die Quellen des Dramas in einer dunklen Vergangenheit liegen, wo Ritual, Tanz und das Singen von Hymnen oder die Rezitation epischer Gedichte noch nicht völlig getrennt waren.

Daher ist es keine Überraschung, daß Musik als Bedeutungssystem immer eine wichtige Rolle in dramatischen Aufführungen gespielt hat. Es kann kaum Zweifel daran bestehen, daß die chorischen Gesänge der griechischen Tragödie und der antiken Komödie sowohl gesungen als auch getanzt wurden.

Die Arten von Drama, die ohne Musik auskommen, bilden durch die Geschichte hindurch alle zusammen einen relativ kleinen Teil der Gesamtheit aufgeführten Dramas; viel häufiger wurden und werden immer noch eingefügte Lieder, Tänze und stimmungsvolle Musik im Hintergrund verwendet. Man denke nur an die allgegenwärtige Hintergrundmusik im Film- und Fernsehdrama.

Oper, zweifellos eine Form des Dramas, verdankt ihren Ursprung den Gelehrten der Renaissance, die annahmen, daß der Dialog der griechischen Tragödie gesungen wurde und nicht gesprochen. Während der Text in der Oper heute dazu neigt, nur einen Vorwand für die Musik zu bilden (und oft nahezu unverständlich ist), kann seine musikalische Notation als der Versuch gewertet werden, das so wichtige Zeichensystem des Schauspielens, den stimmlichen Ausdruck und den Vortrag des Textes festzulegen. Die Musik, die den Gesang begleitet, sorgt ebenfalls für einen starken ‹Subtext›, indem sie die Stimmung, die verborgenen Gedanken und Gefühle der Figuren erkennen läßt.

Wagners Idee vom Drama als «Gesamtkunstwerk», in dem alle Künste – das heißt die Bedeutungssysteme des Dramas: Wort, Musik, Bild – vollständig verschmelzen, ist der höchste Ausdruck dieser extremen Sicht der dramatischen Funktion von Musik. Doch genau durch seinen Extremismus hat sich Wagners Konzept als zu eng erwiesen: Viele der wichtigen sozialen und künstlerischen Funktionen von Drama liegen außerhalb des Bereichs dessen, was Musikdrama leisten könnte. Wagner selbst erkannte das an, indem er seine Art von Musikdrama eher als ein außerordentlich festlich rituelles Ereignis und nicht als einen Bestandteil der täglichen und fortlaufenden kulturellen Bedürfnisse einer Gesellschaft einschätzte.

Auf einer bescheideneren Ebene spielt Musik eine Vielzahl wichtiger Rollen im Bedeutungssystem der dramatischen Aufführung: Sie kann wie in den Stücken Shakespeares mit eingefügten Liedern, die den Fluß der Handlung unterbrechen und Momente tiefen Gefühls betonen, ein wichtiges strukturelles Element einbringen; sie kann das rhythmische Skelett für reine Bewegung in Tanzszenen liefern (wobei Ballett als Extremfall und die Tanznummern der Operette, der musikalischen Komödie oder des Filmmusicals an einem Ende des Spektrums liegen), während sie, besonders im Film und im Fernsehen, einen nahezu unveränderlichen Hintergrund bildet, der oft kaum ins Bewußtsein des Publikums dringt, aber genau deshalb noch wirkungsvoller die Stimmung und Aussage der Handlung festlegt. Dieser letztere Gebrauch von Musik leitet sich direkt aus dem Melodrama des Volkstheaters im 19. Jahrhundert ab, geht aber auch zurück auf die gesungenen Chöre im Griechenland der Antike und auf die Musik, die das liturgische Drama begleitete.

In den obengenannten Beispielen agiert Musik zusammen mit der Grundlinie der Handlung und des Textes. Brecht hingegen begriff den Gebrauch von Musik – wie auch anderer Bedeutungssysteme des Dramas – als antithetisch, in dialektischer Beziehung zueinander. Er wollte, daß die Lieder zum Beispiel die Handlung unterbrechen und den Schauspieler zwingen, aus seiner Rolle herauszutreten, während er sie vorträgt; und er wollte auch, daß die Melodie einen ironischen Kommentar zu den Worten liefert, anstatt ihre Bedeutung ‹auszudrücken› – so daß der Kontrast zwischen dem Zynismus der Worte und der Sentimentalität der Musik, sagen wir, im Lied der Männer in *Mahagonny*, die Schlange stehen, um ins Bordell eingelassen zu werden, ein dialektisches Bild der Heuchelei und des falschen Bewußtseins einer Gesellschaft bietet, die auf Gier aufgebaut ist.

Außerdem wollte Brecht Musik als mnemonischen Kunstgriff benutzen – ähnlich der Art, wie der griechische Chor die Lehre aus den Geschehnissen des Stückes zog –, durch den man sich die moralischen und politischen Lektionen der Handlung leichter merken könnte. Hierin wie in so vielen anderen Aspekten seines Denkens folgte er lediglich der Tradition des österreichischen und bayerischen Volkstheaters, das immer auf Melodien gebaut hatte, die sich dem Gedächtnis einprägen und schließlich zu populären Formen wie der Wiener Operette (und weiter zum modernen Musical) führte, die sich auf solche zwingend im Gedächtnis bleibenden Melodien stützten.

Auch nicht-musikalischer Ton hat seit frühester Zeit seine Rolle in der dramatischen Aufführung gespielt: Donnerschläge und das Heulen des Windes konnten durch einfache mechanische Hilfsmittel wirkungsvoll imitiert werden. Seit man Ton aufzeichnen kann, ist das Anwendungsgebiet der Toneffekte gewaltig ausgedehnt worden. Stereophonischer Ton kann im Theater die ganze Skala natürlicher Töne von Vogelgezwitscher bis Erdbeben simulieren, während im Film ausgeklügelte quadrophonische Apparate das Publikum mit Tönen aus allen Richtungen überfluten können und zum Beispiel in ‹Katastrophenfilmen› wahre Orgien dramatischer Gewalt produzieren. Toneffekte dieser Art sind ‹ikonisch›, weil direkt abbildend. Doch sie können gelegentlich auch symbolisch verwendet werden; man denke nur an die Herzschläge Sterbender und an das Ticken von Uhren im Film – oder an den berühmten Ton einer zerreißenden Saite am Ende von Tschechows *Kirschgarten*.

X

Die Zeichen von Bühne,
Leinwand und Bildschirm

I

Alle bisher besprochenen Zeichensysteme sind in verschiedenen Kombinationen in ‹Live›-Formen des Dramas vorhanden wie auch in solchen, die mechanisch und fotografisch aufgezeichnet sind. Ballett oder Pantomime (auf Bühne, Leinwand oder Bildschirm) mag das verbale Element fehlen, einige abstrakte oder minimalistische Werke (auf Bühne, Leinwand oder Bildschirm) mögen ohne Requisiten oder kunstvoll entworfene Bühnenbilder oder Beleuchtung oder ohne Musik auskommen; trotzdem sind verschiedene Kombinationen all dieser Zeichensysteme ‹live› wie auch in aufgezeichneten Aufführungen vorstellbar.

Dennoch gibt es eine fundamentale Dichotomie zwischen den Live- und den aufgezeichneten Formen der dramatischen Aufführung, eine Trennung, die im Falle der Filmkritik zu der Ansicht geführt hat, Film und Theater seien grundlegend verschiedene Kunstformen.

Andererseits wird hier das Argument vorgebracht, daß zwar die Unterschiede durchaus vorhanden sind und als solche verstanden werden müssen, die filmischen Arten von Drama aber eine so große Skala von Bedeutungssystemen mit dem Live-Theater gemeinsam haben, daß die Unterschiede erfolgreich innerhalb der einzelnen Auffassung von ‹Drama› oder ‹dramatischer Aufführung› untergebracht werden können und daß Kritik der beiden grundlegenden Arten von Drama nur davon profitieren kann, in diesem Kontext gesehen zu werden; daß sogar einige nützliche Einsichten aus der Betrachtung ihrer kontrastierenden Merkmale gezogen werden könnten.

Was das ‹Live›-Theater betrifft, so ist sein einzig wirklich spezifisches Merkmal und eines, das einen gewaltigen Vorsprung gegenüber den mechanisch reproduzierten Formen von Drama ausmacht, seine Fähigkeit, zwischen Darstellern und Publikum eine unmittelbare Interaktion herzustellen, ein kontinuierliches Feedback von Reaktionen.

Daß die Aufführung sich in der Gegenwart des Publikums entwickelt, daß sie angesichts der aktuellen Umstände, die während der Aufführung herrschen, spontane Modifikationen ihrer festgelegten und geprobten Bestandteile ermöglicht, daß es zu unvorhergesehenen Inspirationen wie auch zu Fehlern kommen kann, all diese Faktoren steigern das Erregende des Ereignisses für Darsteller wie für Zuschauer. Noch wichtiger ist die Tatsache, daß sich den Darstellern die Reaktion der Zuschauer unmittelbar mitteilt: durch ihr Gelächter, ihr Schweigen mit angehaltenem Atem, ihren spontanen Applaus oder in bestimmten Formen orientalischen Dramas durch laute Warnungen oder verbale Anfeuerungen. Angesichts solcher Reaktionen können die Schauspieler ihr Spiel sofort modifizieren und anpassen.

Das Publikum ist aufgrund verschiedenster Faktoren von Aufführung zu Aufführung verschieden. Ein volles Haus produziert eine aufnahmebereitere Atmosphäre als ein leeres. Schlechtes Wetter draußen, die politische Situation oder einfach nur die Anwesenheit großer zusammengehörender Gruppen von Zuschauern (Busse aus den Vororten, ausländische Touristen) verändern die kollektive Individualität des Publikums. Seine Reaktionen als Menge unterliegen den spezifischen Merkmalen eines massenpsychologischen Gebildes. Schauspieler, die mit einem Stück von Stadt zu Stadt reisen, sind außerdem davon überzeugt, daß die Schnelligkeit der Reaktion, die Bereitschaft des Publikums zu reagieren, von Ort zu Ort verschieden sind. Die Schauspieler spüren diese besonderen Merkmale des Publikums sehr schnell und passen ihnen ihre Darstellung an. So kann ein Publikum langsamer zum Lachen zu bringen sein als ein anderes. Die Schauspieler werden sofort das hervorheben und intensivieren, was sie für den Grund einer stärkeren Reaktion halten: Sie werden die Pointen mehr ‹servieren›. Erfahrene Darsteller haben gelernt, die Reaktionen der Menge bis an den Punkt zu bringen, an dem, wie es heißt, ‹das Publikum ihnen aus der Hand frißt›. Erfahrene und geschickte Schauspieler können das Publikum bändigen wie der Matador den Stier.

Dieses Phänomen bedeutet ein ständiges Feedback zwischen den Darstellern und dem Publikum. Indem sie auf das Publikum reagieren, verändern die Schauspieler die Reaktion des Publikums, und diese veränderte Reaktion wird wieder von den Schauspielern gespürt – und so weiter.

Genauso wichtig ist die Tatsache, daß es sich hier nicht nur um einen wechselseitigen Austausch zwischen zwei Partnern handelt. Jeder Zuschauer reagiert auch auf die Reaktionen der anderen Zuschauer: Wenn die Person neben mir laut lacht, werde ich wahrscheinlich selbst lauter oder heftiger lachen, weil Lachen ansteckend ist. (Diesen Feedback-Effekt zwischen Zuschauern gibt es natürlich auch im Kino, wo die Aufführung schon ein für allemal festgelegt ist, die Publikumsreaktionen sich aber plötzlich von einer Vorführung zur nächsten verändern. Im Fernsehen, das gewöhnlich von Einzelpersonen oder kleinen Gruppen gesehen wird, ist das Feedback zwischen Zuschauern noch weiter reduziert – einer der Gründe dafür, warum das Fernsehen gezwungen ist, auf Studiopublikum oder ‹Konservenlacher› zurückzugreifen.)

Ohne Zweifel sind die vielen Auswirkungen des Feedbacks in einer Live-Aufführung von unschätzbarem Wert für Schauspieler und Zuschauer, indem sie das Ereignis zum Erlebnis steigern. Doch obwohl natürlich die gesteigerte Intensität des Erlebnisses, der höhere Grad von Konzentration, den es beim einzelnen Zuschauer produziert, zu seiner Fähigkeit beitragen kann, Aussage aus der Aufführung abzuleiten, bildet es kaum ein eindeutiges System von Zeichen in dem Sinne, in dem Semiotiker den Ausdruck verwenden. Zu erwähnen bleiben die weiteren Aussage erzeugenden Fähigkeiten der zwei filmischen dramatischen Medien – Kino und Fernsehen.

Die mechanisch reproduzierten und fotografischen Formen des Dramas – der Spielfilm und das Fernsehspiel – unterscheiden sich von der dramatischen Live-Aufführung dadurch, daß der Zuschauer in den mechanisch übermittelten Medien keinen direkten Kontakt mit den Darstellern hat, daß ihre Arbeit ihm durch die Vermittlung der Kamera nahegebracht wird.

Da Drama dieser Art meist auf Film oder Videoband aufgezeichnet wird – Live-Fernsehdrama ist äußerst selten geworden –, hat die dramatische Handlung darüber hinaus schon außerhalb des eigenen Zeitrahmens des Zuschauers stattgefunden. Daher fehlt ihr ein gewisses Element des unerwarteten, des spontanen Ereignisses – oder eben, der potentiellen Panne –, die das Erlebnis der Live-Aufführung steigert.

Im Theater ist der Zuschauer mit einem vorher festgelegten, bestimmten Raum konfrontiert, der Bühne. Dieser Raum kann unveränderlich sein, starr begrenzt und statisch, umgeben von einem Proszenium und daher einem Bild in einem Rahmen ähnelnd; oder er kann eine offene Arena sein; oder bei ‹Environments› kann er tatsächlich beide, Zuschauer und Schauspieler, umgeben: Er kann benutzt werden, um verschiedene Orte, Umgebungen, ‹Dekorationen› darzustellen und in Einklang zu bringen, kann zum Greifen echt oder (wie im elisabethanischen Theater) bloß angedeutet sein. Doch dieser Raum selbst, welche Form er auch immer annimmt, wird immer ein ‹bestimmter› sein. Er ist statisch, er bleibt ständig und unbewegt vor dem Zuschauer oder um ihn herum.

Innerhalb dieses Raums, der ständig in Reichweite seines gerichteten und peripherischen Blicks liegt, kann er überall dorthin sehen, wo er das Zentrum der Handlung in einem bestimmten Moment vermutet. Indem der Zuschauer im Theater seine Aufmerksamkeit konzentriert, muß er sich in jeder Phase der Aufführung entscheiden, wohin er blicken will: auf die Aktion des Helden, auf die Reaktion des Bösewichts, in der Balkonszene hoch zu Julia oder hinunter zu Romeo und so weiter. In dieser Hinsicht tut der Zuschauer einer Live-Aufführung das, was die Kamera in den filmischen Formen des Dramas für ihn tut: Er schafft eine Folge von Großaufnahmen und Totalen, eine selbständig ausgewählte ‹Montage› von konzentrierten Bildern. Als Operngläser noch Mode waren, schuf das Publikum sich ganz bewußt ‹Großaufnahmen› der Hauptdarsteller oder Sänger. Der gleiche Prozeß findet auch mit dem bloßen Auge statt.

Also sammelt der Zuschauer, dessen Auge im Theater willentlich von Figur zu Figur, von einem Teil der Bühne zu einem anderen wandert, eine Folge verschiedener Blickwinkel, verschiedener Bildsegmente, was eine eigene Dynamik schafft (genau wie der Betrachter eines Gemäldes, indem er seinen Blick entlang der vielen Bildachsen führt, eine Art dramatischer Entwicklung des Bildes schafft, für die der Maler mit der Entscheidung für seine Komposition geschickt gesorgt hat).

In dieser Hinsicht besteht der Unterschied filmisch und live zwischen den dramatischen Medien lediglich in der Tatsache, daß der Zuschauer freier darin ist, seine eigene ‹Schnittfolge› der Handlung zusammenzustellen.

Der Regisseur eines Films (unterstützt vom Cutter) versucht in jedem Moment der dramatischen Handlung, die Auswahl, die ein idealer Zuschauer beim Sehen treffen würde, nachzuahmen; aber zusätzlich hat er die Macht, den Zuschauer zu zwingen, bestimmte Dinge anzusehen und seine Fähigkeit, andere anzusehen, die er als Regisseur verschleiern oder zurückhalten möchte, einzuschränken. Wie André Bazin sagt:

> «Uns scheint jedoch, daß die übliche Schnitttechnik ein Kompromiß ist zwischen drei möglichen Methoden, die Realität zu analysieren: 1. die ausschließlich logische und beschreibende Analyse (die Tatwaffe neben der Leiche); 2. eine psychologische Analyse aus der Substanz eines Films, das heißt, die mit der Anschauung eines der Protagonisten in der gegebenen Situation übereinstimmt (das Glas Milch, das vielleicht vergiftet ist, das Ingrid Bergman in dem Film ‹Notorious› trinken soll...); 3. endlich eine psychologische Analyse, die die Interessen des Zuschauers übernimmt; das spontane oder eben durch diese Analyse von dem Regisseur hervorgerufene Interesse: das ist der sich bewegende Türgriff, den der sich allein glaubende Täter nicht sieht (‹Vorsicht›, würden die Kinder dem Kasper zurufen, den der Polizist ertappt).» [1]

1   A. Bazin, *Was ist Kino?* Köln: DuMont 1975, S. 82.

Punkt 3 dieser Analyse unterstreicht die enge Analogie zwischen der Wahl des Theaterzuschauers, wohin er seine Aufmerksamkeit lenken soll – geführt von der Art, wie der Regisseur Licht, Arrangement der Figuren, Bewegung etc. einsetzt –, und dem deiktischen Gebrauch der Kamera des Filmregisseurs. Bazins letzter, ganz naheliegender Vergleich mit dem Kasperletheater, dem elementarsten Fall von ‹Live›-Drama, zeigt deutlich, daß er in dieser Hinsicht keinen wesentlichen Unterschied zwischen Bühnen- und Filmdrama sieht.

Eine maßgeblichere Verschiedenheit zwischen Live- und Filmdrama liegt in dem fundamentalen Unterschied zwischen dem theatralischen und dem filmischen Raum. Während die Bühne (ob Guckkasten, offene Arena oder ‹in the round›) dem Zuschauer im Verlauf der Aufführung vor Augen bleibt und seine grundlegende ‹Vorgabe› ist, sind Leinwand oder Bildschirm Türen, durch die der Zuschauer einen Raum frei betritt, der unendlich variabel ist und sich ständig ändert. Der Zuschauer im Theater hat einen Raum ‹vor Augen›, der Kino- oder der Zuschauer vor dem Fernsehgerät wird ‹aufgesogen› und durch eine Reihe verschiedener Räume getrieben. Weil die Kamera als Auge des Zuschauers fungiert, betritt der Zuschauer jeden Raum, in den die Kamera ihn bringt: Er rast in einem Auto herum, rennt in Häuser hinein und wieder heraus, nähert sich Objekten und weicht vor ihnen zurück. Das erhöht die ‹Mobilität im Raum› seitens des Zuschauers. Er kann an jeden Ort getrieben werden, an dem ihn der Regisseur haben will.

Auf der anderen Seite erlaubt diese totale Kontrolle über das Auge des Zuschauers durch die Kontrolle der Kamera dem Regisseur auch, den Blick des Zuschauers willentlich *einzuschränken*: Er kann ihm die Hand des Mörders zeigen, ohne das Gesicht, das die Identität des Mörders offenbaren würde, zu verraten, er kann sich auf die Füße einer sich prügelnden Menge konzentrieren, ohne uns zu zeigen, in welcher Straße oder in welchem Raum diese Leute sich bewegen.

Der Regisseur benutzt die Kamera also in einer zwingend *deiktischen* Funktion: Sie packt den Zuschauer am Kragen, zerrt ihn in die Handlung und zeigt ihm und seinen Augen die Räume, Leute und Gegenstände, von denen der Regisseur entschieden hat, daß er sie ansehen muß.

Doch die Kamera führt das Auge des Zuschauers nicht nur von Punkt zu Punkt, läßt ihn nicht nur ein Detail aus der Nähe betrachten oder zurücktreten und sich einen Überblick verschaffen – liefert also mit anderen Worten nicht nur eine Anzahl verschiedener ‹Einstellungen› –, sondern der Schöpfer des filmischen Dramas bestimmt auch die Art und Weise, auf die jedes Teilbild zu einer kontinuierlichen, bedeutungsvoll verbundenen Sequenz mit eigenem Rhythmus und Handlungsstrang verschmolzen wird.

Was also im Theater durch die sich verlagernde Aufmerksamkeit des Zuschauers die frei (wenn auch halb unterbewußt) ausgewählte Zusammenstellung einer Sequenz visueller Eindrücke blieb, wird in den filmischen Formen des Dramas ein sorgfältig erwogener und vorausberechneter künstlerischer Prozeß, ein Erzählprinzip. In diesem Prozeß wird die Auswahl der Blickwinkel (‹Einstellungen›) und ihre rhythmische Verschmelzung (durch die ‹Schwenks› oder ‹Fahrten› der Kamera) und ihre folgende Zusammenstellung auf Film oder Videoband in eine kontinuierliche, sorgfältig geordnete und erwogene Sequenz – mit anderen Worten, ‹Schnitt› oder ‹Montage› vorher aufgezeichneter Bilder – zu einem zusätzlichen, außerordentlich wirkungsvollen Erzeuger von Aussage. Also drehen sich die meisten Überlegungen zur Ästhetik der filmischen Medien um die Techniken, die aus dieser deiktischen Funktion der Kamera und dem Rhythmus und der Dynamik entstehen, ihre Bilder in einen sorgfältig kontrollierten Strom visueller Stellungnahmen zu verschmelzen.

Filmtheoretiker neigen zur Unterscheidung zwischen der ‹Inszenierung› einerseits – die alle Zeichensysteme, die auf der Bühne Aussage schaffen, umfaßt und die *Vorgabe* ist, die fotografiert wird – und der ‹Kunst des Regisseurs› andererseits, die die Auswahl und Komposition der ‹Einstellungen› umfaßt. Im Ergebnis macht die zeitgenössische Filmkritik dem ‹Inszenieren› (das im wesentlichen mit den Methoden des Inszenierens im Theater identisch ist) kurzen Prozeß, indem sie Darstellung, Gestaltung und vor allem das Drehbuch als zweitrangig behandelt.

Es ist wahr, daß Regisseur und Cutter auf die Darstellung zum Beispiel beträchtlichen Einfluß haben. Schwache Momente können eliminiert werden, und ‹Montage› kann durch bloßes Nebeneinanderstellen von Einstellungen wirkungsvolle Effekte erzielen. In diesem Zusammenhang wird oft Kuleshovs berühmtes Experiment zitiert, in dem dieselbe neutrale Großaufnahme eines Gesichts ihren Ausdruck zu verändern scheint, wenn sie neben andere – schöne oder unschöne – Aufnahmen gestellt wird.

Trotzdem hatte die Konzentration der verschiedenen Schulen der Filmästhetik auf die spezifisch ‹filmischen› Aspekte des filmischen Dramas die Konsequenz, daß die Beiträge der anderen Zeichensysteme abgewertet wurden. Die ‹Autoren›theorie des Films zum Beispiel, die den Regisseur als den einzigen Schöpfer des Films postuliert und dazu neigt, die Beiträge von Autor, Ausstatter, Kameramann, Cutter und all den anderen beteiligten kreativen Künstlern als zweitrangig zu betrachten, widerspricht nicht nur offenkundig herrschenden Zuständen, da die meisten Filme das Produkt einer Vielzahl von mehr oder weniger zufällig versammelten Mitwirkenden ist, sondern hat in den intellektuelleren, ambitionierteren Formen der Filmkritik zu vergleichbarer Mißachtung der Beiträge aller anderen Künstler – Drehbuchautoren, Ausstatter und vor allem der Schauspieler – geführt. In der realen Welt des Filmemachens, so könnte ohne weiteres argumentiert werden, ist der zentrale Faktor bei der Schaffung eines bestimmten Films weitaus häufiger der ‹Star›, dessen ‹gebuchte› Anwesenheit auf dem Drehplan das Geld fließen läßt, das die Produktion erst möglich macht und dessen Einfluß den ganzen Produktionsprozeß und viele der Entscheidungen des Regisseurs durchdringt. Ferner kann die Überbewertung der Funktion des Regisseurs zu der notorischen Unterbewertung der Leistung des Drehbuchautors im Film führen.

Es ist bezeichnend, daß im Medium Fernsehen, wo aus ökonomischen Gründen weit weniger Zeit und Anstrengung aufgewendet werden kann, um die gleiche Szene wieder und wieder zu wiederholen, und wo sogar noch weniger Zeit vorhanden ist, um das Material zu schneiden, bemerkenswerte Autoren wie Harold Pinter, Tom Stoppard, David Mercer und Samuel Beckett in der Lage sind,

Drama von hoher literarischer und künstlerischer Integrität zu schaffen, das in filmischer Form gezeigt wird. Im Fall von Beckett allerdings funktioniert der ‹Autoren›-Begriff überzeugender als im Film: Hier ist der ‹Autor› der Drehbuchautor, dem es ermöglicht wird, seiner Vorstellung eine konkrete Form zu geben, indem er seinen eigenen Text inszenieren darf. Auch im Film sind aus der Arbeit von Regisseuren, die ihre eigenen Drehbücher geschrieben haben, oder von Autoren, die das Glück hatten, Regie zu führen oder die Realisierung ihrer dramatischen Ideen auf andere Art zu kontrollieren, bedeutende Meisterwerke entstanden – Keaton, Chaplin, Orson Welles, Jean Cocteau und Woody Allen sind hier einschlägige Beispiele.

4

Die Bedeutungssysteme, die sich aus der deiktischen Rolle der Kamera und den Techniken *Montage* und *Schnitt* ableiten, sind von den Semiotikern des Films, die die ‹Grammatik› und ‹Syntax› des Gebrauchs von Totalen, Großaufnahmen und ihren Kombinationen formuliert haben, genau untersucht worden: die verschiedenen Auswirkungen von scharfem Schnitt und langsamer Überblendung, einzelnen statischen Einstellungen, die lange Zeit gehalten werden, im Gegensatz zu einer dynamischen Montage von kurzen Bildern oder einer rhythmisch geführten Mischung von beidem wie in der berühmten Mordszene unter der Dusche in Hitchcocks *Psycho*.

Während einige dieser Techniken – wie die langsame Überblendung, die einer Rückblende vorausgeht – zu konventionellen, sofort erkennbaren ‹symbolischen› Kunstgriffen geworden sind, die das Publikum augenblicklich versteht, ist es sogar hier etwas problematisch, von einer ‹Sprache› mit einer festen ‹Grammatik› zu sprechen: Innovative Regisseure, die auf neue und unkonventionelle Art mit diesen Techniken umgehen, können sie vollkommen anders verwenden und andere Bedeutungen produzieren. Tatsächlich ist es das Wesen der Kreativität in diesem wie in jedem anderen Medium, daß eine zu strenge Kodifizierung der ‹Aussagen› spezifischer Techniken so lähmend wirken kann wie die strikte Anwendung der drei Einheiten im klassischen französischen Drama.

Außerdem ändern sich die Moden: Die ‹Montage› von scheinbar unzusammenhängenden Aufnahmen unter dem Einfluß der großen russischen Pioniere wie Eisenstein und Pudovkin, einst als eines der essentiellen Ausdrucksmittel des Mediums angesehen und noch von Chaplin im Nebeneinanderstellen einer Schafherde und einer Menge von Arbeitern am Anfang von *Modern Times* verwendet, ist heute fraglos altmodisch geworden.

Die Leichtigkeit, mit der das filmische Drama Schauplatz und Kulisse wechseln kann, seine Fähigkeit, sich in der Zeit vor und zurück zu bewegen, hat umgekehrt Einfluß auf das Live-Drama gehabt – ein weiteres deutliches Zeichen für die den dramatischen Medien tief zugrundeliegende Einheit.

Techniken wie die Rückblende, die dynamische Montage von langen und kurzen Szenen, häufiger Wechsel des Schauplatzes, die Verwendung von aufgezeichneten Off-Kommentaren oder Erzählern, die auf der Bühne anwesend in die Handlung ein- und wieder aussteigen, sind im zeitgenössischen Bühnendrama gängig geworden. Während diese Entwicklungen nach einer langen, von klassischen und naturalistischen Konventionen regierten Periode, die auf einer strengen Struktur von drei oder fünf Akten oder der Regel der fehlenden vierten Wand bestand, revolutionär erscheinen mögen, erneuerte der Film hier lediglich Verbindungen zu viel freieren mittelalterlichen und elisabethanischen Theaterkonventionen, die ebenfalls eine Montage kurzer Szenen und auch Erzählung verwendeten (wie Shakespeare das, um nur die offensichtlichsten Beispiele zu nennen, in *Perikles* oder in *König Heinrich V.* und *Das Wintermärchen* tat).

Doch ist es zweifellos der Einfluß des Films – und des Radios, das Erzähler sogar noch häufiger verwenden –, unter dem sich die Techniken des Bühnendramas geöffnet und von den Beschränkungen des ‹gut gebauten Stücks› befreit haben. Ein Publikum, das an den Film gewöhnt ist, wird nun bereitwillig episches Drama akzeptieren, das sich wie Brechts *Der kaukasische Kreidekreis* auf komplexe Erzählebenen stützt oder auf Umkehrungen der chronologischen Zeitfolge wie in Pinters *Betrogen* oder Caryl Churchills *Top Girls*.

Was das Theater als besondere Stärke behält, ist seine Fähigkeit, durch symbolische Handlungen wirkliche Gegenstände zu suggerieren: Ein Schauspieler kann mimisch darstellen, daß er aus einem nicht existierenden Glas trinkt oder ein nicht existierendes Gewehr auf der Bühne benutzen, während der Film aufgrund seines fotografischen Wesens und seines erforderlich größeren Realismus gezwungen ist, wirkliche Gegenstände zu benutzen. Auf der anderen Seite hat das deiktische Wesen der Kamera, ihre Fähigkeit, auf ein kleines Objekt zu zeigen, indem sie in die Großaufnahme geht, die Fähigkeit des Films, wirkliche Gegenstände in der Rolle von Symbolen zu verwenden, außerordentlich erweitert. Der Film kann das visuelle Äquivalent zum Wagnerianischen «Leitmotiv» schaffen, indem er Gegenstände oder sogar ganze Landschaften mit bestimmten Begriffen oder Gefühlen assoziiert.

5

Einige der wichtigsten Unterschiede zwischen den drei visuellen, dramatischen Medien – Bühne, Film und Fernsehen – entstehen durch die unterschiedlichen Bedingungen, unter denen sie von ihrem Publikum gesehen werden.

Hier teilen der Film und das Live-Theater – im Gegensatz zum Fernsehen – das wesentliche Merkmal, daß ihre Produkte von Gruppen in verdunkelten Räumen betrachtet werden: die Reaktionen ihres Publikums also vom Phänomen der kollektiven ‹Masse› anstatt von individueller Psychologie regiert werden. Außerdem wird die Aufführung selbst in beiden Fällen als Ereignis wahrgenommen, eine Gelegenheit, für die man eine Anstrengung auf sich genommen hat (das Heim verlassen, eine Karte kaufen etc.), während das Fernsehen beiläufig begonnen und ebenso beiläufig beendet wird.

Im Theater befindet sich das Publikum in Gegenwart der Übermittler der Kommunikation – der Schauspieler. Das setzt den vorhin erwähnten komplexen Feedbackprozeß zwischen dem Publikum und den Schauspielern und unter den Mitgliedern des Publikums in Gang.

Im Kino ist das Feedback zwischen Publikum und Darstellern

unterbunden, doch die Wahrnehmung seiner eigenen Reaktion bleibt für das Publikum außerordentlich stark. Die Fähigkeit des Mediums, durch Manipulation des Blickwinkels die Aufmerksamkeit aller Zuschauer auf die gleichen Details zu lenken, verstärkt hier die Uniformität der Publikumsreaktion. Daher zum Beispiel die Lachsalven, die gute Filmkomödien provozieren können.

Diese massenpsychologische Reaktion fehlt im Fernsehdrama völlig. Dem Fernsehpublikum fehlt nicht nur die es umgebende Menge, es ist auch von den Beschränkungen der Menschen befreit, die in einem verdunkelten, überfüllten Raum sitzen und daher mehr oder weniger gezwungen sind, die ganze Aufführung anzusehen. Das Fernsehpublikum kann die Aufführung mit einem Knopfdruck verlassen: daher die viel geringere Intensität der Reaktionen auf Fernsehdrama, daher auch die verzweifelte Konzentration des Fernsehdramas auf spannungssteigernde Effekte, das Bestehen darauf, Spannung provozierende Ereignisse in die ersten Minuten eines Stücks zu stopfen – und in der Komödie der Einsatz von Studiopublikum oder Konservenlachern, um das Ansteckende des Gelächters auszunutzen in der Hoffnung, daß es auch einzelne Zuschauer hineinziehen wird.

Im Theater und im Kino, wo der Zuschauer Teil der Menge ist und folglich von Massenpsychologie beeinflußt, bleibt er trotzdem er selbst mit seinem oder ihrem kulturellen Ballast, persönlichen Geschmack und Vorurteilen. Es gibt eine Spannung zwischen diesen beiden Polen. Die ansteckende Heiterkeit, die ihn (oder sie) umgibt, kann einen einzelnen dazu bringen, über einen Witz, den er (oder sie) nicht vollkommen verstanden hat, zu lachen, die Woge der Sentimentalität, die die Menge überflutet, kann ihn (oder sie) zum Weinen über etwas bringen, was er, allein damit konfrontiert, als sentimentalen Quatsch betrachtet hätte.

Fernsehen, das zu Hause ständig verfügbar ist, wird vom Publikum als ständiger Unterhaltungsstrom wahrgenommen. Daher wird jedes einzelne Thema oder Programm unausweichlich dadurch zusätzliche und unbeabsichtigte Aussagen erhalten, daß es neben andere, folgende oder vorhergehende Themen gestellt ist. Die Wahrnehmung von Nachrichten über einen Raumflug wird durch einen Science-fiction-Film vorher oder hinterher beeinflußt werden, ein politisches Stück durch die Nachrichten, die ihm folgen oder vorangehen.

Das Paradoxe ist hier, daß im Fall des kommerziellen Fernsehens dieser Zusammenhang außerdem ständig durch nicht dazugehöriges Material in Form von Werbung zerteilt und unterbrochen wird. Daher ist die Produktion von ‹Aussage›, der Transport von subtileren Arten dramatischer Information, im Fernsehen schwieriger und führt gelegentlich zu beharrlicherem Zeigen, stärkerem Hervorheben von semiotischer Information im Fernsehfilm und -drama. Daher auch, weil alles getan werden muß, um die Aufmerksamkeit eines sehr unbeständigen Publikums zu halten, die Tendenz zu mehr und mehr Gewalt, mehr und mehr sensationellem Inhalt im Fernsehdrama, das sich an das Publikum des kommerziellen Fernsehens wendet.

Technische Entwicklungen, die die Schärfe des Bildes verstärken und immer größere Bildschirme verfügbar machen, werden wahrscheinlich das Fernsehdrama dem Film immer weiter annähern. Auf kleinen Bildschirmen mit einer relativ niedrigen Auflösung vermittelten Totalen nicht genügend Details, so daß das Fernsehdrama dazu neigte, sich auf Halbtotale und Großaufnahme zu konzentrieren.

Der aufkommende Vertrieb von Filmen auf Videokassetten stellt einen neuen Aspekt der graduellen Verschmelzung von Film- und Fernsehdrama dar. Aufgezeichnete Kinofilme werden auf kleinen Bildschirmen von kleinen Gruppen von Menschen unter nicht-theatralischen Bedingungen gesehen. So geht ein wichtiger Aspekt der Erzeugung von Aussage im Film verloren. Auf der anderen Seite wird sich der Film ohne kommerzielle Unterbrechungen auf dem heimischen Bildschirm abspielen, und das Sehen des Films wird – wenn er gekauft oder geliehen worden ist – mehr mit dem Gefühl eines besonderen Anlaßes verbunden sein als ein Fernsehspiel, das zufällig eingeschaltet wurde.

Wenn wir nun versuchen, die verschiedenen Elemente zu systematisieren, die die erste – begriffliche – Ebene der ‹Aussage› einer dramatischen Aufführung schaffen, könnten wir zu folgender Tabelle kommen:

1. Rahmende Systeme außerhalb des eigentlichen Dramas
   a: architektonische Struktur und die Atmosphäre, die die Aufführung umgibt
   b: Titel, Gattungsbezeichnung, Vorberichte
   c: Prolog, Vorspann, Epilog etc.
2. Zeichensysteme, die dem Schauspieler zur Verfügung stehen
   a: Persönlichkeit, Ausgewogenheit der ‹Besetzung›
   b: Gestaltung des Textes
   c: Gesichtsausdruck
   d: Gestik, Körpersprache
   e: Bewegung im Raum
   f: Maske, Frisur
   g: Kostüm
3. Visuelle Zeichensysteme
   a: grundlegend räumliche Gestaltung
   b: bildliche Darstellung des Schauplatzes
   c: Farbskala
   d: Requisiten
   e: Beleuchtung
4. Der Text
   a: grundlegend lexikalische, syntaktische, verweisende Bedeutung der Worte
   b: Stil – gehoben/einfach, Prosa/Verse etc.
   c: Individualisierung der Figuren
   d: Gesamtstruktur – Rhythmus – Timing
   e: Text als Handlung – Subtext
5. Akustische Zeichensysteme
   a: Musik
   b: nicht-musikalische Töne

Zeichensysteme, die auf Film und Fernsehen beschränkt sind
1. Zeichensysteme, die sich aus der Arbeit der Kamera herleiten
   a: Einstellungen mit feststehender Kamera: Totale, Halbtotale, Großaufnahme
   b: Kameraschwenk
   c: Kamerafahrt
   d: Zeitlupe und Zeitraffer
2. Zeichensysteme, die sich aus der Verbindung von Einstellungen herleiten
   1. Abblende
   2. Überblendung
   3. geteilte Leinwand
   4. Schnitt
3. Das Zeichensystem des Filmschnitts
   1. Montage
   2. rhythmischer Fluß von Bildern

Verglichen mit Kowzans 13 Zeichensystemen in fünf Gruppen (die auf Live-Drama anwendbar sind), läuft dies auf ganze 22 verschiedene Zeichensysteme zu fünf Gruppen hinaus, die allen dramatischen Medien gemeinsam sind, allerdings in leicht unterschiedlicher Anordnung, dazu drei Gruppen, die sich aus zehn zusätzlichen Zeichensystemen zusammensetzen, die auf die filmischen Medien beschränkt sind.

Tabellen dieser Art, wie alle Versuche zur Systematisierung solch komplexer Phänomene, können nur einen Versuch darstellen, besonders auf diesem Gebiet, wo das gegenseitige Verschmelzen, die Überlagerung der einzelnen Systeme die Dinge ständig kompliziert.

Kostüm und Maske gehören ebenso zur Ausstattung wie zum Schauspieler, Bühnen- und Kostümbildner beeinflussen die Bewegung und damit das Spiel des Darstellers, die Arbeit des Lichtgestalters überlagert und unterstützt die des Bühnenbildners, der Text bestimmt Gestik und Bewegung, und in den filmischen Medien haben Kamera und Schnitt großen Einfluß auf die Bedeutung der Elemente der Inszenierung.

Das also sind die Hilfsmittel, die Werkzeuge, mit denen die Erzeuger einer dramatischen Aufführung ihre Figuren einführen, ihren Hintergrund und die Umgebung schildern, ihre Geschichte erzählen können.

Doch an einer Geschichte ist immer mehr als ihr bloßer Umriß. Wenn einmal die aktuelle, faktische, *begriffliche* Ebene hergestellt ist, kommen andere Ebenen der Aussage hinzu. Die Erzeuger der Aufführung (Autor, Regisseur, Bühnen- und Kostümbildner, Komponist) können im Endeffekt diese höheren Ebenen – die moralische, politische, philosophische Botschaft, die sie übermitteln wollen – anstreben; doch diese Ebenen müssen fest auf der begrifflichen Bedeutung der Zeichen, die sie dem Publikum vorgeführt haben, aufgebaut sein.

Dennoch sind die einzelnen Zeichen lediglich Rohmaterial der Schöpfung von Bedeutung und Aussage. Die einzelnen Zeichensysteme, die wir analysiert haben, fügen sich zu Bedeutungsstrukturen zusammen, um eine höhere Ordnung zu bilden.

XI

Struktur als Signifikant

I

Die verschiedenen Zeichensysteme, die eingesetzt werden, um in einer dramatischen Aufführung Aussage zu schaffen und die in den vorangegangenen Kapiteln aufgezählt und beschrieben worden sind, werden natürlich nie einzeln für sich, getrennt und deutlich oder wirklich bewußt wahrgenommen.

Die getrennte Analyse jeder dieser ‹Sprachen› (und die Analogien zur verbalen Sprache sollten immer sehr vorsichtig behandelt werden) kann wichtige praktische und theoretische Einsichten hervorbringen. Doch es muß stets erkannt werden, daß alle einzelnen ‹Zeichen› immer Teil eines organischen Ganzen sind, in dem die verschiedenen Zeichen und Zeichensysteme fortwährend interagieren, einander verstärken oder aus dem ironischen Kontrast neue Bedeutungen oder innere Spannungen zwischen zweien oder mehreren, die simultan eingesetzt sind, schaffen; und daß die Aussage einer dramatischen Aufführung notwendigerweise immer aus dem Gesamteindruck dieser komplexen, vielschichtigen Strukturen von miteinander verwobenen und voneinander abhängigen Signifikanten erwächst.

Die sechs Elemente der Tragödie, von denen Aristoteles in seiner *Poetik* spricht, sind eindeutig auch auf alles Drama anwendbar. Die ersten drei beschreibt er als Bausteine der *Mittel und Beschaffenheit der Mimesis*: Sprache (Lexis), was in etwa mit unseren vom Schauspieler verwendeten Gruppen von Zeichensystemen und dem verbalen Text korrespondiert; dann Szenerie, also das visuelle Element (Opsis); und drittens das musikalische Element (Melos – das Wichtigste im griechischen Drama, da es fast sicher ist, daß die chorischen Passagen gesungen wurden). (Das einzige Zeichensystem, auf das wir uns konzentriert haben und das nicht durch Aristoteles abgedeckt ist, ist das der äußeren rahmenden und einführenden Einrichtungen, die im griechischen Drama keine große Rollen spielten.)

Aristoteles' zweite Triade der Elemente des Dramas betrifft die *Objekte*, die durch diese Mittel dargestellt werden: Handlung (Mythos), Figur (Ethe) und Gedanke oder der intellektuelle oder religiöse Gehalt des Dramas (Dianoia).

Es ist ohne weiteres zu erkennen, daß die zweite Triade – das Thema oder der Inhalt des Dramas – durch die Kombination und Akkumulation der einzelnen Zeichen und Zeichensysteme geschaffen wird, die von der ersten Triade geliefert werden, welche die ‹Mittel› umfaßt, mit denen die dramatische Illusion geschaffen wird. Folglich werden sich Erscheinung, Maske, Stimme, sprachlicher Ausdruck, Kostüm, Gestik und Bewegung des Schauspielers mit der Gesamtheit der ‹Figur›, die er darstellt, verbinden, und die so hergestellte Interaktion von Figuren wird wiederum im Verlauf der Aufführung in der gezeigten Handlung oder ‹Fabel› aufgehen – durch ihre Dialoge, Konfrontationen, feindlichen oder liebevollen Begegnungen, ihre Bewegungen aufeinander zu oder voneinander weg innerhalb der wechselnden Orte, die durch die Bühnenbilder des Dramas gezeigt werden. Und auf einer noch höheren Stufe der Synthese, aus der Interaktion von Figur und Handlung, wird sich dann für den Zuschauer nach und nach die Idee dessen, worum das Drama ‹ging›, formen – seine endgültige intellektuelle, ideologische, moralische ‹Aussage›.

Die einzelnen Zeichen verbinden sich also sowohl im Raum als auch in der Zeit zu Strängen oder Strukturen, und diese Strukturen wiederum verbinden sich wieder miteinander zu immer komplexeren Formen. Und diese Formen werden selbst zu Signifikanten einer höheren Ordnung.

Drama als die Kunstform, die so viele heterogene Signifikanten in Zeit und Raum einsetzt, ist folglich weitaus hybrider, aber auch weitaus komplexer als irgendeine andere Kunst. Die visuellen und akustischen Strukturen, die es zeigt, sind nicht statisch und müssen als eine Kette von Situationen, die sich zu Bewegung verbinden, analysiert werden. Nicht nur Film- und Fernsehdrama können in eine Kette von ‹Rahmen› gegliedert werden; eine Theateraufführung besteht genauso aus einer Folge von ‹Bildern›, die eine Vielzahl von Signifikanten enthalten, die, wenn das Bild aus dem Fluß genommen würde, wie solche analysiert werden könnten, die in einem Gemälde enthalten sind.

Was die Sache sogar noch komplizierter macht, ist die Tendenz einiger Signifikanten, in einer dramatischen Aufführung nur einen kurzen Moment vorhanden zu sein (d. h. die einzelnen Worte, aus denen sich eine Passage des Dialogs zusammensetzt, eine Geste oder ein flüchtiger Gesichtsausdruck), während andere für Zeiträume unterschiedlicher Länge weiterbestehen. Das Bühnenbild einer Theateraufführung zum Beispiel bleibt ziemlich statisch und erlaubt dem Zuschauer, nachdem er auf seinen ersten allgemeinen Eindruck reagiert hat, darüber nachzudenken und, in Momenten geringerer Konzentration auf andere Aspekte der Aufführung, verschiedene Details zu ‹dekodieren›. Folglich könnte der Zuschauer die Bedeutung einzelner Einrichtungsgegenstände in einem Raum, die Details der Bilder an der Wand, die Hinweise auf das Wesen, den Hintergrund und die Geschichte der Personen enthalten, die ihn bewohnen, nach und nach erfassen. Das gleiche gilt für die Kostüme der Schauspieler oder das generelle Farbschema der Produktion. Im Film ist es der Regisseur, der, nachdem er zum Beispiel das allgemeine Aussehen eines Ortes mit einer Totalen eingefangen hat, die Aufmerksamkeit des Publikums auf dessen Einzelheiten lenken kann.

Um also die Vielzahl der Signifikanten zu analysieren, zu verstehen und zu ‹dekodieren›, die von jeder dramatischen Aufführung freigesetzt werden, müssen wir sie sowohl *synchronisch* – wie sie in einem bestimmten Moment der Aufführung simultan funktionieren – als auch *diachronisch* betrachten, da die unterschiedlichen Arten der Signifikanten im Verlauf der Vorstellung in komplexere Strukturen *in Zeit* verschmelzen.

In jedem beliebigen Augenblick tragen alle eingesetzten Zeichen zur Summe der Bedeutung dieses einzelnen Moments der Aufführung bei. Alle diese Signifikanten können in die gleiche Richtung arbeiten und sich so gegenseitig verstärken: In einer bestimmten Darstellung der Sturmszene in *König Lear* können, sagen wir, das Bild wogender Bäume, die von Blitz und Donner zerrissene Dunkelheit, das zerlumpte Kostüm und die wehenden, weißen Haare des Königs, die dunkle poetische Schönheit seiner Worte, die zusammengekauerten Gestalten seiner Gefährten alle gegenseitig die Bedeutung dieses Moments im Stück verstärken.

Oder die verschiedenen Signifikanten arbeiten in divergierende Richtungen: In der Bordellszene in *Die Dreigroschenoper* ironisieren die Schmutzigkeit des geschmacklosen Salons und die grellen Kostüme der Huren die sentimentale Melodie des Tangos, den Mac und Jenny tanzen, während die brutalen Worte, die sie singen, wiederum die sentimentale Melodie konterkarieren und in der Ecke des Raums schon die Konstabler auf Jennys Zeichen warten, mit dem sie den Mann, an den sie dieses ‹Liebes›-Lied richtet, verraten wird. Hier wird die Aussage dieses Moments durch die Dialektik der vielfachen und komplexen Widersprüche gestaltet.

Im Hinblick darauf, das Zusammenspiel aller wirkenden Signifikanten – ikonische, symbolische, deiktische – zu verstehen, kann jeder einzelne Moment einer Aufführung analysiert werden, oder andersherum: Der Regisseur muß entscheiden, welche Signifikanten und welche Art der Interaktion zwischen ihnen er in jedem Moment der Aufführung einsetzt. Er wird zum Beispiel zu entscheiden haben, ob und wann welche Bedeutungssysteme die *dominante* Rolle in einem bestimmten Moment spielen sollen; die Bilder oder die Worte, die musikalischen oder die natürlichen Töne, die Bewegung oder die Gesten.

Wenn wir die Struktur von Signifikanten und Bedeutungssystemen *diachronisch* betrachten, wird ihre Interaktion sogar noch komplexer. Verschiedene Arten von Signifikanten arbeiten unterschiedlich lang. Manche, wie die visuelle Erscheinungsform der Szene, das Kostüm oder das allgemeine Aussehen von Hauptrollen, bleiben während einer ganzen Szene oder eines Aktes oder während einer filmischen Einstellung konstant, andere erscheinen nur vorübergehend.

4

Ein besonderer Platz unter den Signifikanten, die über längere Zeiträume arbeiten, ist besetzt von dem, was man in Ermangelung eines besseren Wortes ‹Tonart›- oder ‹Schlüssel›-Zeichen nennen könnte. Das sind Zeichen oder Bedeutungselemente einer höheren Ordnung, die die Art und Weise, wie die anderen Zeichensysteme innerhalb eines bestimmten Abschnitts oder einer Passage eines Werks gelesen werden müssen, bestimmen und beeinflussen und folglich als Indikatoren der ‹Ebene› fungieren, auf der einzelne Zeichen wahrgenommen werden müssen, analog zu den Schlüsselzeichen, die den Schlüssel und die Tonart in musikalischer Notation bestimmen.

Wenn zum Beispiel die ersten Worte eines Stücks in einer höchst poetischen Sprache oder in Versen gesprochen werden, setzt das die ‹Tonart› fest, in der das ganze Stück oder wenigstens diese Szene vom Publikum verstanden werden soll; und während die einzelnen Worte und Sätze nur von kurzer Dauer sind, kann das Versmaß oder der Sprachstil des Dialogs während einer ganzen Szene, eines Aktes oder tatsächlich während des ganzen Stücks bestehenbleiben. Hier sagt dann die Ebene der Sprache, das Metrum der Verse den Zuschauern, daß die Absicht der Aufführung ernst ist und die Handlung auf eine bestimmte Weise gedeutet werden muß.

So gibt es keine Verse in der alltäglichen Kommunikation zwischen Menschen. Daher begründet die Verwendung von Versen sofort, daß das betreffende Stück sich nicht auf die Ebene der alltäglichen Existenz herablassen wird, daß die Figuren und die Handlung, die im Drama gezeigt werden, auf einer bestimmten Abstraktionsebene verharren werden, die gewisse nüchterne Elemente des Alltagslebens ausschließt, und daß nur das Wichtigste der Situationen in der Handlung gezeigt werden wird (wie in der klassischen französischen Tragödie, wo die Figuren sich niemals auf die Ebene herablassen, Höflichkeiten auszutauschen, zu essen oder sich überhaupt zu setzen). Im historischen Drama zeigt die Verwendung von Versen gleichzeitig, daß kein Versuch unternommen werden wird, eine realistische Darstellung der alltäglichen Redeweise, sagen wir, der Menschen im Mittelalter zu geben.

Die Wahl von Vokabular und Metrum wird darüber hinaus zeigen, ob der Vers als Zeichen zu deuten ist, daß die Handlung auf einer hohen Ebene von Ernsthaftigkeit oder, sagen wir, in einem Stück voller Wortspiele und Reime von einem Autor komischer Pantomimen wie Planché als unverschämte Burleske betrachtet werden muß.

Wenn wie bei Shakespeare ein Übergang von reinem Vers zu Prosa stattfindet, wird dem Publikum signalisiert, daß die Stimmung, die ‹Tonart› der Handlung, sich geändert hat und daß sie auf eine mehr realistische Ebene wechselt. Der Unterschied zwischen der hohen Poesie von Hamlets Selbstgesprächen (die auch den Mangel an Realismus solcher kurzen Einblicke in die inneren Gedankenprozeß des Helden signalisiert) und der eleganten Prosa von Hamlets Anweisungen an die Schauspieler illustriert den Übergang auf diese viel praktischere und realistischere Ebene, während das niedrige Niveau der Scherze der Totengräber einen weiteren Abstieg auf der sozialen Leiter zu Figuren darstellt, die, da sie höherer Gefühle nicht für fähig erachtet werden, auf der Ebene des alltäglichen Realismus bleiben müssen.

Unabhängig von der äußerst wichtigen Ebene der Sprache beinhalten diese ‹Tonart›- oder ‹Schlüssel›-Zeichen:
— die generelle Farbskala einer Aufführung,
— den Stil des Bühnenbilds, ob realistisch oder abstrakt, ein- oder dreidimensional,
— den Schnitt und die Stilepoche der Kostüme,

- den Schauspielstil, ob realistisch oder grotesk, ernsthaft oder komödiantisch,
- die Stimmung der Hintergrundmusik etc.

5

Auf diesen ‹Tonart›- oder ‹Schlüssel›-Signifikanten, auf der greifbarsten, realistischsten Ebene der konkreten Aufführung beruhen die höchst wichtigen und viel debattierten Begriffe ‹Stil› und ‹Gattung›.

Natürlich entwertet das in keiner Weise die ehrwürdigen Traditionen der ‹Theorie der Gattungen›, die jahrhundertelange Debatte über das Wesen der Tragödie, Komödie, Tragikomödie, Schwank und die anderen Zwischengattungen von Drama.

Es sind im wesentlichen ‹literarische› Theorien, die das Wesen von Situationen untersuchen, ihre psychologischen und philosophischen Aspekte ebenso wie den Stoff, der den unterschiedlichen Gattungen entspricht. Soweit sich solche Theorien auf die Ebene der aktuellen Techniken zur Strukturierung von Drama und seiner Aufführung herabbegeben, haben sie sich als äußerst zeitgebunden erwiesen. Die auch von den französischen neoklassischen Theoretikern des 17. Jahrhunderts so hochgeschätzte aristotelische Definition der Tragödie zum Beispiel erwies sich durch die Technik der Tragödie Shakespeares und die theoretischen Schriften von Kritikern wie Lessing als absolut nicht notwendig, um die Wirkungen zu produzieren – kathartisches Gefühl und eine Erfahrung des Erhabenen –, die die Substanz der wahren Tragödie ausmachen. Genauso wurde die Übereinkunft, die Tragödie sollte sich mit den Schicksalen von Personen von hohem gesellschaftlichen Status und nobler Geistesart beschäftigen, von Büchners *Woyzeck* zum Beispiel und vielen anderen tragischen Helden seines Schlags, die folgten, widerlegt.

Dennoch kann sich erweisen, daß die Theorie der Gattungen unter dem Aspekt des Begriffs ‹Tonart›- und ‹Schlüssel›-Zeichen von großem praktischen Wert ist. Mit welcher Methode der Regisseur unter modernen Bedingungen auch immer entscheidet, zu welcher

Gattung das Stück oder der Film, den er inszeniert, gehört – sei es in Anbetracht seiner theoretischen Bildung oder rein intuitiv –, es wird seine Entscheidung beeinflussen, mit welchen ‹Schlüssel›- und ‹Tonart›-Signifikanten er die generelle Ebene festsetzt, auf der alle anderen Zeichensysteme dann funktionieren werden.

Daher muß der Regisseur zu einer Entscheidung kommen, ob er mit einem Text in dem ‹Schlüssel› oder der ‹Tonart› der Tragödie oder Komödie zu tun hat und seine Bestimmung der Gattung der Aufführung dann in konkreten Ausdruck übersetzen: Ob, um eines der häufigst diskutierten Beispiele zu zitieren, eines der Stücke von Tschechow mehr als Komödie oder als Tragödie aufgefaßt wird, hängt von der Ebene ab, auf die die ‹Tonart›-Signifikanten wie Bühnenbild, Kostüm, Maske, der Grad der Ernsthaftigkeit des Spielens, die Farb- und die Beleuchtungsskala gestimmt sind.

Ebenso wird ein Text, der als Tragödie aufgeführt werden soll, wenn die Aufführung mit all ihren ‹Tonart›-Zeichen auf die falsche Ebene gestimmt ist, Gelächter provozieren. Das Stück wird zur Parodie, Burleske oder zum Melodrama werden. Es ist ein Klischee, aber dennoch wahr, daß das Erhabene vom Lächerlichen nur um Haaresbreite getrennt ist. Diese Trennungslinie wird durch die Ebene geschaffen, auf der die ‹Tonart›-Signifikanten vom ersten Moment der Aufführung an festgesetzt sind.

Innerhalb der Haupt-‹Schlüssel› von Komödie, Tragödie und den anderen Gattungen gibt es natürlich weitere parallele oder Hilfs-‹Tonarten›, die durch die *Ebene* bestimmt werden, auf der solche ‹Tonart›-Signifikanten festgesetzt sind; dies sind die grundlegenden Determinanten der Aufführung. ‹Stil› hängt von der generellen Ebene der ‹Tonart›-Signifikanten ab: einer Kombination aller Entscheidungen darüber, welche Elemente verwendet werden sollen und welche nicht: welche Farben oder generell welche Farbtöne (zum Beispiel pastell, gedämpft, grell, schreiend) die grundlegende Stimmung der Aufführung bilden sollen, welcher Grad von Realismus in der Darstellung angenommen werden soll, ob realistische Requisiten benutzt oder ob Objekte nur durch gemimte Handlungen angedeutet werden und welche Elemente all dieser Bedeutungssysteme umgekehrt strikt vermieden werden müssen.

Durch solche ‹Schlüssel›- oder ‹Tonart›-Signifikanten wird das Publikum in die Stimmung versetzt, in der es die Aufführung aufzunehmen hat: ob Gelächter erlaubt oder erwünscht ist oder ob es ein Fauxpas wäre, in Lachen auszubrechen, der die Ignoranz des einzelnen und seinen Mangel an gesellschaftlichem Schliff bloßstellen würde.

Es ist einleuchtend, daß diese ‹Schlüssel›- und ‹Tonart›-Signifikanten von den grundlegenden Voraussetzungen der Gesellschaft abhängen müssen und daß ihre Kraft und Effektivität davon abhängen wird, inwieweit das Publikum mit den *Konventionen* vertraut ist, unter denen dramatische Aufführung innerhalb einer bestimmten Kultur oder Subkultur praktiziert wird. Ein westliches Publikum könnte japanische Tragödie durchaus komisch finden oder unfähig sein, den Witz in japanischer Komödie zu sehen. Wir werden auf das Problem dramatischer Konventionen noch zurückkommen.

6

Wenn die ‹Schlüssel›- und ‹Tonart›-Signifikanten die generelle Ebene, auf der die Aufführung wahrgenommen werden muß, festgesetzt haben, werden die einzelnen Zeichen und Zeichensysteme im zeitlich unterschiedlichen Umfang ihres kurzen Erscheinens oder Verbleibens während der Aufführung funktionieren.

Da sich die Aufführung in der Zeit entfaltet, verbinden sich die verschiedenen Signifikanten und semiotischen Systeme zu sich entwickelnden ‹Strängen›, Strukturen mit eigener Vorwärtsbewegung und rhythmischer Veränderung: Lears Kostüm, um bei unserem Beispiel zu bleiben, wird sich von königlicher Pracht zu Zerlumptheit und möglicherweise Nacktheit entwickeln; das Licht von Sonnenschein in Dunkelheit; die Worte des Textes werden sich zu rhythmischen Strukturen formen. Es ist genau der Reichtum des Details und der innere Zusammenhalt der einzelnen Bestandteile, der höhere und profundere Strukturen der Aussage einer dramatischen Aufführung schafft.

Diese einzelnen Strukturen werden sich wiederum gegenseitig beeinflussen, indem sie sich zu einer Vielzahl kontrapunktischer und dialektischer Interaktionen verflechten, um im wahrsten Sinne des Wortes einen Teppich von sich kreuzenden Fäden zu bilden, die wieder größere Gruppen von Zeichen schaffen, welche Richtung und Inhalt der Aufführung festlegen.

Der Prozeß, durch den die Zeichen, die in jedem Moment der Aufführung wahrgenommen werden, im Verlauf der Aufführung zu ‹Strängen› und ‹Strukturen› oder Mustern solcher Stränge verschmelzen, hängt wesentlich von der *Gedächtnis*arbeit des einzelnen Zuschauers ab. Die verschiedenen detaillierten ‹Teilchen› von Information über Zeit und Ort der Vorgänge, die Namen, die oft widersprüchlichen und verwirrenden Beziehungen und Stimmungen der Figuren (wie Hamlets Schwanken zwischen ungestümem Handeln und moralischen Skrupeln) werden sich, soweit sie im Kurzzeitgedächtnis des Zuschauers gegenwärtig gehalten werden, schließlich zur Wahrnehmung einer komplexen Persönlichkeit addieren. Die Höhen und Tiefen und Komplikationen der Situationen und Figuren, ihre Handlungen, Zuwiderhandlungen und Konfrontationen werden sich zu einer kohärenten, komplexen Geschichte, Fabel oder Handlung zusammensetzen.

Diese komplexe Struktur von Signifikanten, die die ‹Fabel› oder den ‹Plot› des Dramas ausmacht, der sich nach und nach im Gedächtnis und in der Vorstellung des Zuschauers entwickelt, ist letzten Endes immer größer als die Summe seiner Teile.

Denn *Tempo* und *Rhythmus* der Aufführung selbst werden zu einem ihrer hauptsächlichen Signifikanten: Das Tempo, mit dem Situationen und Ereignisse aufeinanderfolgen, der Wechsel zwischen heftiger und stiller oder zwischen gemächlicher und beschleunigter Handlung – das heißt: die ‹Montage› von Szenen und Sequenzen auf der Bühne wie auch im Film – geben der zeitlichen Handlungsabfolge ihre Gestalt, genauso wie die Sätze einer Symphonie dem amorphen Zeitelement in der Musik Form geben.

Auf dieser Ebene werden ‹Form› und ‹Inhalt› vereinigt, um Struktur zu schaffen. Eine Handlung, die zu ihrem Anfangspunkt zurückkehrt wie in *Warten auf Godot*, hat eine andere Form als eine, die unaufhörlich in einer auf- oder abwärts gerichteten Bewegung voranschreitet: zum Triumph oder der Zerstörung des Helden wie in *König Ödipus*. Diese Strukturen dramatischer Aufführung, die durch das Verschmelzen und kontrapunktische Gestalten der verschiedenen Stränge einzelner Signifikanten geschaffen werden, haben darüber hinaus einen anderen entscheidenden Aspekt: Monotone Rhythmen sind langweilig, weil vorhersehbar, während Abwechslung im Tempo Überraschung, Interesse und Spannung erzeugt. Der Rhythmus und die Vielfalt von Bedeutungsstrukturen bestimmen also die Art, auf die die Aufmerksamkeit des einzelnen Zuschauers festgehalten, seine Konzentration gefesselt oder losgelassen wird und damit auch, wie die schließliche ‹Aussage› des Stücks oder Films aufgenommen wird.

7

Das bringt uns zu dem Bereich der dramatischen Theorie und Kritik, der am vollständigsten diskutiert, untersucht, kodifiziert und analysiert worden ist: das Wesen und die grundlegenden Prinzipien von Handlung und Fabel.

Über die verschiedenen Arten von Handlung ist unendlich viel geschrieben worden, und viele der Einsichten, die diese Literatur produziert hat, sind so gültig wie eh und je, immer mit dem Vorbehalt, daß die meisten von ihnen das Produkt der Analyse verschiedener Arten oder Stile von Drama sind und daher nur auf diese speziellen Formen anwendbar.

Wenn es im letzten Jahrhundert für lange Zeit als generelles Axiom angesehen wurde, daß die Handlung sich unaufhörlich bis zu einem Wendepunkt steigern muß, bevor sie mit dem Untergang endet, so trat Brecht dem entgegen mit seiner Forderung nach einer linearen Folge von in sich geschlossenen, sorgfältig voneinander getrennten Szenen, die das Publikum daran hindern sollten, in emotionaler Trance mitgerissen zu werden, die es davon abhalten würde, kritisch über die Vorgänge der Geschichte nachzudenken. Beckett und Ionesco machten Schluß mit der Exposition oder mit der Notwendigkeit eines ordentlich geschlossenen Endes. Und viele der heutigen theatralischen und filmischen Experimente versuchen, auf die konventionelle Handlung oder den Erzählstrang ganz zu verzichten.

Die Arten von Drama, die mit ‹Erzählung› arbeiten, das meiste traditionelle Theater und das meiste Film- und Fernsehdrama also, benutzen die strukturellen Formen, von denen manchmal angenommen wird, sie seien die einzig möglichen Bausteine des Dramas: die eröffnende Exposition der Situation; das Feststellen der grundlegenden Absicht oder des Ziels der Handlung; ihre graduellen Verwicklungen, Drehungen und Wendungen, bis sie schließlich auf dem Höhepunkt des Dramas den Wendepunkt oder die Peripetie erreichen; und ihre schließliche Auflösung und der Schluß.

Der schwierigste Aspekt dieser Art von Drama liegt in der Wechselbeziehung zwischen Handlung und Figur: Die Handlung wird für das Publikum nur so weit interessant werden, als die Figuren darin die Sympathie oder die negativen wie positiven Gefühle des Publikums erregen. Doch da Drama im wesentlichen Handlung ist, können die Figuren wiederum nur ausreichend entwickelt werden, indem sie ‹handelnd› gezeigt werden. Figuren, die in den Werken unerfahrener Dramatiker nur dadurch beschrieben werden, daß andere Figuren über sie sprechen, bleiben blaß. Nur was die Figuren *tun*, zeigt dem Publikum, wie sie sind. Folglich muß das Handeln der Menschen innerhalb der Geschichte den Charakter entwickeln, während dieser Charakter der betreffenden Personen wiederum die Handlung *motiviert* und die Geschichte interessant genug macht, um ihr zu folgen. Selbst die gewaltsamsten Ereignisse berühren nicht, wenn sie Figuren zustoßen, die dem Publikum gleichgültig sind.

8

In der gegenwärtigen semiotischen Literatur leitet sich die vorherrschende Tendenz, Handlung und Figur zu betrachten, aus der Arbeit des russischen Formalisten Vladimir Propp ab, dessen Analyse der Struktur russischer Volkssagen die Figuren unter sieben prinzipiellen Funktionen klassifizierte (der Schurke, der Wohltäter, der Helfer, die begehrte Person oder ‹Prinzessin› und ihr Vater, der Bote, der Held und der falsche Held)[1], und aus Etienne Souriaus Versuch, ein verständliches Schema aller möglichen dramatischen Situationen zu schaffen, die sich aus der Vertauschung und Kombination von sechs grundlegenden Funktionen herleiten, die in der Tiefenstruktur jedes Dramas arbeiten. In seinem Buch *Les deux cent mille situations dramatiques*[2] bezeichnete er diese als Der Löwe (der hauptsächliche, thematische Antrieb), Die Sonne (oder Vertreter des Wertes), Die Erde (oder der Empfänger), Mars (oder die opponierende Kraft), Die Waage (oder der Schiedsrichter der Situation) und Der Mond (oder Helfer). Indem er jede dieser Funktionen oder Kräfte mit astrologischen Symbolen belegte, meinte Souriau, er könne die ‹Tiefenstruktur› jedes beliebigen dramatischen Textes in einer algebraischen Formel darstellen. Einige andere Semiotiker (Greimas, Gouhier, Barthes) verbesserten, modifizierten oder variierten diese Bemühungen.

Obwohl diese Versuche einer ‹Handlungs›- oder ‹Funktions›-Analyse geistreich und anregend sind, leiden sie an dem Fehler, im wesentlichen reduzierend zu sein. Es ist schwierig einzusehen, welche Klärung oder Einsicht daraus abgeleitet werden kann, daß alle dramatischen Strukturen letztendlich gleich sind oder nur endlose Variationen einer kleinen Zahl von Elementen, wo doch ihre wahre Attraktivität in Wirklichkeit in ihrer fast unendlichen und vollkommen unvorhersehbaren Verschiedenartigkeit liegt. Und tatsächlich führen alle Versuche, bestehende dramatische Werke diesen Schemata anzupassen, nur zu gewaltsamen und künstlichen Verrenkungen. Zum Beispiel brauchen wir nicht sehr viel Theorie, um zu begreifen, daß Horatio in *Hamlet* der ‹Helfer› des Helden ist; aber welche Rolle spielt Richter Schal im zweiten Teil von *König Heinrich IV.*? Und wo ist die ‹Prinzessin› in *Endspiel*? Wenn wir diesen Ausdruck in den des ‹ersehnten Guten› (Die Sonne, Wert) aus Souriaus Schema übersetzen, ist die Prinzessin dann die Erlösung von der irdischen Existenz, was möglicherweise oder auch nicht das Ziel von Hamms und Clovs Anstrengungen sein könnte? Sobald

1 Vladimir Propp, *Morphologie du conte*. Paris: Seuil 1965.
2 Etienne Souriau, *Les deux cent mille situations dramatiques*. Paris: Flammarion 1950.

wir diese Schemata anwenden, scheint mir, lösen sie sich in raffinierte, aber nutzlose und irreführende Spielereien auf, ohne irgendwelche tieferen Einsichten zu bringen.

Außerdem neigt die kritische Analyse von Handlung, Figur und Motivation im Drama immer dazu, auf der Untersuchung erfolgreicher dramatischer Texte aufzubauen und aus ihnen normative Regeln für zukünftige Arbeit abzuleiten. In solchen vorherbestimmten Regeln liegt eine Gefahr; denn in der Kunst neigen alle Regeln dieser Art dazu, zu Unbeweglichkeit und Versteinerung zu führen. Die Geschichte des Dramas ist voller Beispiele für den tödlichen Effekt solcher aus kritischer Analyse abgeleiteten Regeln. Man muß nur an die Kämpfe zwischen den Traditionalisten und den Romantikern in Frankreich denken oder an die Hindernisse, die Ibsen oder Strindberg überwinden mußten, weil sie jahrhundertealte Regeln verletzt hatten.

Es liegt im Wesen der wahren Kreativität in den Künsten, daß sie ‹originär› ist und sich daher außerhalb vorherbestimmter, festgelegter Formen befindet. Und während die Verfechter der ‹Handlungs›-Analyse behaupten, keine normativen Regeln aufstellen zu wollen, müssen ihre schematischen Formen schließlich von der wahren Originalität der echten Erneuerer besiegt werden, die immer neue Wege finden wird, die Handlung oder Nichthandlung von Drama zu strukturieren. Man denke an Beckett: Wo ist die Handlungsstruktur in einem Stück wie *Nicht ich* oder *Rockabye* oder in einem Fernsehstück wie *Quad*?

9

Die Handlung einer dramatischen Aufführung wird dazu neigen, sich in erkennbaren Segmenten zu artikulieren (Akte und Szenen oder ‹Sequenzen› und ‹Einstellungen› in den filmischen Medien) und innerhalb dieser in einzelnen ‹Takten› der Handlung oder des Dialogs. Auch hier produzieren Wiederholung, Assonanz, Inversion und Variation der grundlegenden Elemente Gestalt – das Erscheinen der Form aus dem Fluß der Handlung durch die Dimension der Zeit.

Die möglichen Kombinationen und Vertauschungen der verschiedenen visuellen, akustischen und verbalen Strukturen allerdings, die die Gesamtform einer dramatischen Aufführung bilden, sind unendlich. Doch der wesentliche Aspekt, den man im Blick behalten muß, ist, daß Drama Prozeß ist, Happening, Ereignis, Handlung, und daß die auferlegte Form bei einer sich ständig wandelnden proteischen Erfahrung der Verständlichkeit untergeordnet ist: der klaren Abgrenzung von einzelnen Teilen oder Phasen, die als Einheiten, als die Komponenten einer größeren Struktur erfaßt werden können. Analog zur musikalischen Struktur ist dramatische Struktur daher in jedem Moment der Interaktion melodischen und rhythmischen Elementen untergeordnet, die in Reihung und kontrapunktisch eingeführt, variiert, nebeneinandergestellt, kombiniert und neu kombiniert werden.

Das trifft auch auf die verbale und visuelle Struktur zu. Im Film und im Fernsehen ist das mehr als offensichtlich, aber es gilt auch für die Bühne. Die Dynamik des Bildes auf der Bühne, die Anordnung der Figuren, ihr Hinsetzen, Aufstehen, Auftreten und Abgehen enthalten ebenfalls wichtige verständnisfördernde und Abwechslung bringende Bestandteile, die wesentlich dafür sind, die Aufmerksamkeit des Publikums zu gewinnen und seine Konzentration aufrechtzuerhalten. Das gleiche gilt für die Tonstruktur einer dramatischen Aufführung. Sogar im Drama mit ausschließlich gesprochenem Dialog ist die Variation in Ton, Höhe, Rhythmus und Takt, die üblicherweise nur unterschwellig vom Publikum wahrgenommen wird, das, was hilft, es wachzuhalten, anstatt es durch die Monotonie der Tonstruktur einzuschläfern. In den Formen des Dramas, die Musik in Verbindung mit gesprochenem oder gesungenem Dialog verwenden – Film- und Fernsehdrama, Melodrama und Oper –, ist diese Funktion der zugrundeliegenden Tonstruktur sogar noch klarer: Sie ist ein eindrucksvolles Instrument zur Schaffung von Atmosphäre, aber auch um der zeitlichen Struktur des Dramas Form zu geben. Im Film und im Fernsehdrama ist die Verwendung der oft vom Publikum kaum wahrgenommenen Hintergrundmusik fast unentbehrlich geworden.

Es ist die rhythmische Struktur der verschiedenen Stränge von Signifikanten und die Art, in der sie eine komplexe kontrapunktische, einer Orchesterpartitur sehr ähnliche Struktur schaffen, die in einer erfolgreichen Aufführung die Aufmerksamkeit des Publikums auf sich zieht, wachhält und ständig erneuert. Wie faszinierend und interessant die Handlung auf einer rein begrifflichen, intellektuellen Ebene auch immer sein mag, ohne diese zugrundeliegende Vielfalt und Bewegung würde sie unausweichlich monoton und langweilig werden, und die rein physiologisch durch Monotonie verursachte nachlassende Aufmerksamkeit der Zuschauer würde dazu führen, daß sie den intellektuellen Zusammenhang verlieren. Die rhythmische Struktur ineinander verwobener Stränge von Signifikanten ist die wahre ‹Textur›, die einen dramatischen Text lebendig erhält. Ihre Vielfalt, das Muster ihrer Verflechtungen, ist einer der hauptsächlichen Kunstgriffe, die den Wunsch des Zuschauers nähren, am endgültigen Ziel der Aufführung anzukommen, und seine Aufmerksamkeit fesseln.

Daher funktionieren diese Strukturen selbst als Bedeutungselemente, indem sie die formalen Muster schaffen, die von Augenblick zu Augenblick die Basis für die Konzentration des Zuschauers auf die Aussage der Aufführung sind: Spannung.

10

Spannung kann sehr verschieden aussehen. Auf der grundlegendsten Ebene entsteht sie aus der Frage: Was wird als Nächstes passieren? Aber sie kann genauso einem Interesse an der Figur entspringen, etwa der Frage: Was wird er oder sie *tun*? Wie wird er oder sie auf das Ereignis, auf die Situation reagieren?

Andererseits – und hier sind Struktur und ‹Form› der Aufführung von besonderer Bedeutung – gibt es eine bestimmte Art der Spannung, die durch das formale Schema der Aufführung selbst geschaffen wird.

In Becketts *Warten auf Godot* wird die Aussage des Stücks nur dann sichtbar, wenn das Publikum erkennt, daß die Struktur des zweiten Aktes identisch mit der Struktur des ersten ist. Die Struktur selbst agiert als Signifikant, um dem Publikum zu sagen, was das Stück sagt: nämlich daß es eine Metapher für die unveränderliche

Eintönigkeit der menschlichen Existenz ist, ein Bild ihres zugrundeliegenden Themas: das Vergehen von Zeit, erlebt als ‹Warten›, die
Abhängigkeit der Menschen voneinander, der Rhythmus von Begegnungen und Abschieden. Die Spannung eines Stücks, in dem
‹nichts passiert›, erwächst hier aus der allmählichen Entfaltung des
Bildes. Es ist eine Spannung, die entsteht, wenn wir dem allmählichen Entfalten einer Blume zusehen. Die schrittweise Entfaltung
einer vorgezeichneten Form fesselt hier unsere Aufmerksamkeit.
Die Frage in einer solchen dramatischen Struktur ist nicht primär:
Was wird als Nächstes passieren? Sondern einfach: Was passiert?
Welches Bild wird hier entfaltet? Das ist die strukturelle Spannung
in Stücken wie denen von Genet, Ionesco und Beckett, in den nahezu abstrakten ‹Bühnenopern› von Robert Wilson oder in Filmen
wie *Letztes Jahr in Marienbad*; aber natürlich ist sie in abge-
schwächter Form in jeder dramatischen Aufführung gegenwärtig
als ein Element, das das Vergnügen des Publikums an der Wahrnehmung der Form, dem Erkennen einer kreisförmigen, ansteigenden
oder abfallenden formalen Struktur schafft.

Spannung hängt nicht unbedingt von überraschenden oder unerwarteten Wendungen der Ereignisse ab. Es gibt auch eine andere
Art von Spannung, die dem Erkennen des Bekannten, der Erfüllung
einer Erwartung entspringt. Dieses Vergnügen geht von Versen und
Reimen aus. Extremstes Beispiel ist die merkwürdige Befriedigung,
die dadurch entsteht, einen bekannten Film zum x-ten Mal zu sehen. Wer bei jeder sich bietenden Gelegenheit in *Casablanca* geht,
erwartet von Einstellung zu Einstellung das Vergnügen, den bekannten Worten, Gesten und Bildern zu begegnen. Auf einer ge-
ringeren Ebene der Intensität haben die stereotypen Strukturen von
Fernsehserien eine vergleichbare Funktion. Die Zuschauer solcher
Serien kennen das Muster: Die Hoffnung auf die obligatorische
Verfolgungsjagd mit dem Auto oder am Ende jeder Folge der Ac-
tion-Serien auf die Rettung des Helden oder der Heldin in letzter
Minute oder auf die bekannten Reaktionen der Figuren in Seifenopern und ‹situation comedies› sowie die Freude daran, daß diese
Erwartungen mit kleinen Variationen prompt erfüllt werden, be-
stimmen das Vergnügen des Publikums.

Dennoch beruht Spannung, selbst in ihrer häufigst anzutreffenden Form, der Erwartung, was als Nächstes geschehen wird, nie auf dem vollkommen Unerwarteten. Sie muß immer eine subtile Kombination des Erwarteten mit dem Unerwarteten sein. Wir müssen die Frage kennen, bevor wir beginnen können, uns für die verschiedenen Möglichkeiten einer Antwort zu interessieren. Im ritualisierten Schema des Kriminaldramas zum Beispiel würde eine unendliche Zahl von Verdächtigen die Spannung eher vermindern als erhöhen. Nur wenn wir wissen, daß eine begrenzte Zahl von Figuren unter Verdacht steht, wird unser Interesse daran, welche von ihnen sich als Mörder herausstellen wird, Spannung produzieren. Also kann das Unerwartete nur Spaß machen, wenn es aus dem Bekannten entsteht. Das ist der Grund, warum zu Beginn jeder dramatischen Aufführung das allgemeine Umfeld der Handlung, die Voraussetzung, von der sie ausgeht, das Problem, das sie stellt, klar benannt werden muß. Wird Hamlet den Mord an seinem Vater rächen? Wird Jago Othello schließlich vernichten? Wird Nora in der Lage sein, sich aus ihrer gefährlichen Situation zu befreien? Diese Fragen wecken in den betreffenden dramatischen Texten sehr früh unsere Erwartungen und Spannung.

Doch über diese Hauptspannungsbögen, die bis ans Ende der Aufführung reichen, sind Nebenspannungsbögen gesetzt. Jede Szene hat ihr eigenes, ergänzendes Spannungselement, am Anfang von *Hamlet* zum Beispiel: Wird ein Geist erscheinen? Er erscheint, aber das läßt schon das nächste Spannungselement aufkommen: Wessen Geist ist es? Hamlet erkennt ihn als Geist seines Vaters. Was wird der Geist ihm sagen? und so weiter von Szene zu Szene. Jede Antwort auf eine Frage enthält die Elemente einer weiteren Frage. So treibt die Handlung unaufhörlich voran, bis die alles umfassende, grundlegende Frage beantwortet ist.

Doch innerhalb jedes nebengeordneten Spannungsbogens ist ein drittes kleines Spannungselement hinzugefügt, das durch die Dialektik des Dialogs hervorgerufen wird: Jeder Satz einer Figur sollte die Spannung gemäß der Antwort steigern, die sie erhalten wird. Ein guter Dialog enthält nie eine vorhersehbare Antwort (man denke immer daran: Die Antwort muß nicht verbal sein. Es kann auch eine Geste oder das Heben einer Augenbraue sein). Am präzisesten ist das in der grundlegenden Wahrheit über Schauspielen zusammengefaßt: daß sein letztes Geheimnis im *Timing* liegt, das heißt dem Formen jedes Satzes in eine Form mit maximalem Gehalt von Spannung und Überraschung. Diese Pause von einem Bruchteil einer Sekunde vor dem entscheidenden Wort im Satz ruft den Schauder oder das Lachen hervor. Parallel zum Spannungselement in der Entwicklung der Handlung verläuft das Element der Spannung in der Figur: Jede Handlung einer Figur, jedes Wort, das er oder sie äußert, fügt ein weiteres Indiz zur Enthüllung seines oder ihres wahren Wesens hinzu.

11

Eine dramatische Aufführung, ob auf der Bühne, auf der Leinwand oder dem Bildschirm, ist also ebenso ein komplexes Gewebe einzelner Signifikanten wie von Strängen und Gruppen der Signifikanten, die in reicher Fülle rhythmischer, visueller, melodischer und tonaler Strukturen erscheinen. Eine dramatische Aufführung ist ein ‹Text›, der unendlich viel reicher und vielschichtiger ist als ein literarischer Text und sich seinen Rezipienten daher für eine viel größere Zahl von möglichen Interpretationen öffnet.

Insofern eine dramatische Aufführung auf einem geschriebenen – nicht notwendigerweise ‹literarischen› – Text basiert (es könnte auch eine choreographische Aufzeichnung, ein Szenario für eine Improvisation, der Handlungsstrang einer Pantomime sein), geht dieser durch zwei entscheidende Phasen des ‹Lesens› oder ‹Decodierens› oder der ‹Interpretation›.

Das erste ‹Lesen› ist das der Einzelperson – oder der Gruppe von Einzelpersonen –, die für die Aufführung des Textes verantwortlich sein werden. Sie – der Regisseur, die Bühnen- und Kostümbildner, die Musikanten, Lichtgestalter, Requisiteure etc. oder im Film die Künstler, die für Kameraeinstellungen, Blickwinkel, Nahaufnahmen, Schnitt und Bildmischung etc. verantwortlich zeichnen – müssen zu Entscheidungen über die ‹Aussage› des geschriebenen Textes kommen, die viele andere mögliche ‹Lesarten› ausschließen.

Zum Beispiel werden sie entscheiden müssen, ob sie *Hamlet* in ein mittelalterliches, Renaissance- oder vielleicht zeitgenössisches

Kostüm stecken, ob sie sich auf das Rache-Thema oder die philosophische und psychologische Interpretation der Handlung und auf eine Vielzahl anderer verschiedener Deutungen der fast unendlichen Zahl von Implikationen konzentrieren, die der Originaltext enthält. Und zu allem Überfluß beinhaltet jede Zeile, jede Silbe des Textes, jede Geste, jedes Heben der Augenbrauen jeder Figur eine weitere ‹Interpretation›.

Doch dieses erste interpretierende Lesen des Textes wird wiederum im zweiten Stadium der grundlegende ‹Text› für jeden einzelnen Zuschauer, der nun den ‹Aufführungstext› ‹lesen› und ‹interpretieren› muß, der innerhalb der Parameter, die die Darsteller durch ihre Deutung des Originalentwurfs gesetzt haben, wieder für eine weitere unendliche Zahl von ‹Lesarten› und ‹Interpretationen› offensteht.

An dieser Stelle muß das vereinfachte Modell der ‹Kommunikationstheorie› in seiner graduellen Anwendbarkeit gesehen werden. Eine einfache sachliche Botschaft: «Ankomme 15.30» hat eine einzelne, klare ‹Aussage›. Ein Satz in einem literarischen Text, einem Gedicht oder einem Roman wird eine viel größere Zahl von Zwischentönen und Assoziationen haben; aber er wird immer noch deutlich von einer gut definierten Quelle, einem Sender oder Autor ausgehen und für viele Interpretationen offenstehen, doch nur innerhalb ziemlich genau definierter Parameter.

Die gleiche ‹Botschaft› – d. h. die gleichen Worte – auf einer Bühne oder Leinwand oder einem Bildschirm hat sich stark verändert. Jetzt haben diese Worte schon den Prozeß der ‹Interpretation› durchgemacht und strahlen nun gleichsam durch ein Prisma zerstreut, das die einzelne Botschaft in ein Spektrum verschiedener Farben zerlegt: Die Person, die die Worte spricht, ihre Erscheinung, ihre Gesten, ihre Betonungen, die visuelle Umgebung, in der sie die Worte spricht, und eine Vielzahl von anderen Faktoren sind eingeführt worden und bieten dem Rezipienten der Botschaft eine Vielzahl möglicher Punkte an, auf die er seine Aufmerksamkeit konzentrieren kann.

Dies also ist das grundlegende Paradoxon der dramatischen Aufführung: Die Fülle, die vielschichtige ‹Dicke› der Textur dessen, was den Rezipienten der Kommunikation gezeigt wird, steigert ihre

Die Welt des Geistes und des Geldes

DEUTSCHLAND

«Ein dramatisches Werk zu verfassen ...

... dazu gehört Genie. Am Ende soll die Empfindung, in der Mitte die Vernunft, am Anfang der Verstand vorwalten und alles gleichmäßig durch eine lebhaft-klare Einbildungskraft vorgetragen werden.»

Johann Wolfgang von Goethe
«Maximen und Reflexionen» (Nachlaß)

Das Sparen verläuft da weniger dramatisch, wenngleich auch hierbei Verstand und Vernunft vorwalten sollten, damit am Ende ein möglichst großer Ertrag steht.

Pfandbrief und Kommunalobligation

Meistgekaufte deutsche Wertpapiere - hoher Zinsertrag - bei allen Banken und Sparkassen

Verbriefte Sicherheit

Komplexität und ihre Ausdrucksmöglichkeiten ins Unendliche, während sie es zur gleichen Zeit viel schwieriger macht, sich auf irgendeine spezifische ‹Botschaft› zu konzentrieren oder sogar die Aufmerksamkeit des Rezipienten auf einen bestimmten Bereich oder Aspekt der Äußerung zu versammeln – ob es sich um eine Botschaft handelt oder was immer sie sonst kommuniziert.

Können wir tatsächlich immer noch von einer ‹Botschaft› sprechen, wenn sogar die Identität des ‹Senders› der Kommunikation etwas problematisch geworden ist? *Wer* genau hat den Entwurf der Aufführung, den verbalen Originaltext interpretiert? Für sich genommen ist das keine Frage, auf die es eine überzeugende Antwort gibt. Es ist richtig, heutzutage wird angenommen, daß es letztlich der ‹Regisseur›, ‹director›, ‹metteur-en-scène› oder, wie die skandinavischen Sprachen es sehr plastisch ausdrücken, der ‹Instructeur› ist (d. h. der Lehrer, der den anderen Ausführenden sagt, wie der Text zu lesen und was mit ihm zu tun ist). Doch das ist nur ein bequemer Weg, die Verantwortung für das, was im wesentlichen eine kollektive Schöpfung vieler ist, auf einen einzelnen zu übertragen, der seine Unterschrift daruntersetzt.

Es gibt nur wenige Regisseure im Bereich von Bühne, Leinwand oder Bildschirm, deren Persönlichkeit und kreatives Potential stark genug ist, um wirklich der Ursprung und die Quelle von *allem* zu werden, das bedeutungstragende Kraft innerhalb einer Aufführung hat. Sogar ein bedeutender Regisseur kann lediglich die Hauptziele der Kommunikation, die stattfinden soll, bestimmen und vorschreiben, muß sich aber notwendigerweise auf das, was die Vielzahl anderer kreativer Personen einbringt, stützen, von denen sich jede ein beträchtliches Maß an Autonomie auf ihrem eigenen Gebiet bewahrt. Mit Sicherheit in einer Live-Aufführung, aber auch im Film und im Fernsehen sind es die *Schauspieler*, die in vorderster Front der Aufführung stehen, von deren Reaktionen, Modulationen, Gesten, Erscheinung und Charisma die Kommunikation letztlich abhängt.

Also besteht eine dramatische Aufführung aus einer großen Anzahl von ‹Botschaften›, die von einer Anzahl von ‹Sendern› ausgehen und aus vielen einzelnen Zeichen, Signifikanten und Bedeutungsstrukturen bestehen. Diese können schließlich für den einzelnen Zuschauer eine ‹Botschaft› bilden oder auf verschiedenen Ebenen ‹Aussage› transportieren; aber da es schwierig ist, eine einzelne Quelle der ‹Botschaft› oder ‹Aussage› auszumachen, wäre es genauer, von einer dramatischen Aufführung nicht als einzelnem ‹Kommunikationsakt› einer ‹Botschaft› zu sprechen, sondern von einem *Ereignis*, das Zuschauer miterleben.

Tatsächlich entspricht das dem eigentlichen Wesen des Dramas und geht aus ihm hervor: Wenn Drama ‹mimetische Handlung› ist, die wirkliche oder erfundene Ereignisse, Konflikte, Kämpfe, Wechselwirkungen, Phantasien und Träume, wie sie im ‹Leben› vorkommen, neu erschafft, was können solche mimetischen Neuschöpfungen anderes sein als ihrerseits ‹Ereignisse›, die genauso vielwertig sind wie die Ereignisse, denen wir in unserem ‹wirklichen› Leben gegenüberstehen. Zweifellos haben diese Ereignisse eine Aussage, aber solche Aussagen sind schwer faßbar, offen für Interpretationen und unmöglich festzuschreiben.

In der Tat, Kunst verdichtet, klärt, ordnet und steigert in ihrer Mimesis, was chaotisch, amorph, unklar und inkonsequent in der ‹Wirklichkeit› ist. Doch als die komplexeste und vollständigste Mimesis der Wirklichkeit muß Drama sich unbedingt immer noch das Element der Vielwertigkeit des Ereignisses bewahren. Die Abwesenheit einer klar definierten einzelnen Quelle der Kommunikation macht es darüber hinaus unmöglich, innerhalb der Aufführung einen maßgeblichen Kommentar oder eine Interpretation der Handlung zu liefern, wie zum Beispiel ein Romanschriftsteller als Ich-Erzähler das kann, indem er seine eigene Meinung über die Ereignisse abgibt, die er darstellt. Die Stimme des Autors kann es im Drama nicht geben. Es kann letztlich auch keine klare und eindeutige Stimme des Regisseurs geben, nicht einmal im Film, wo ‹Autorentheorien› seit langem ein Hauptthema kritischen Theoretisierens sind. Sogar die Filme von Chaplin, der seine eigenen Filme schrieb, Regie führte, komponierte und spielte, stehen vielen Interpretationen offen und können nicht auf eine einzige ‹Botschaft› reduziert werden, die Chaplin beabsichtigte; denn möglicherweise sind einige der mitwirkenden Schauspieler oder Techniker zum Beispiel seinen Anweisungen nicht genau gefolgt. Jede dramatische Aufführung muß ein komplexes ‹Ereignis› sein, das nicht auf die

Äußerung einer einzelnen Stimme reduziert werden kann, wie das beim Roman möglich ist, der durchaus komplexe, vielwertige Interpretationen zuläßt, zumindest als willentliche Äußerung eines einzelnen Autors, zumindest auf der bewußten Ebene, angesehen werden kann.

All das soll natürlich nicht heißen, Zuschauer könnten eindeutige Stränge oder Schichten von Aussage nicht deutlich verstehen und dekodieren. Auf der rein begrifflichen Ebene werden die verschiedenen Stränge von Signifikanten in, sagen wir, *Hamlet* zweifellos einen klaren Konsens darüber erzielen, daß Hamlet die Aufgabe erhalten hatte, den Mord an seinem Vater zu rächen, daß er zögerte und schließlich sein Ziel auf Kosten seines eigenen Lebens erreichte. Auf die gleiche Weise wird es im ‹wirklichen› Leben einen Konsens darüber geben, daß, sagen wir, einem Freund ein Autounfall zugestoßen ist. Dennoch wird die endgültige ‹Aussage›, die Bedeutung eines solchen Ereignisses, offenbleiben. Und das gilt genauso, wenn nicht noch mehr, für das dramatische Ereignis von *Hamlet*.

Denn hier werden der Regisseur und seine Mit-Künstler sich bemüht haben, die Aufführung zu strukturieren, um eine Interpretation der Kette von Handlungen, die das Stück ausmachen, zu vermitteln. Trotzdem wird immer noch eine immense Divergenz zwischen den einzelnen Interpretationen und Aussagen dieser destillierten, geklärten, geordneten Mimesis des wirklichen Lebens bestehen.

Die endgültige Bedeutung des dramatischen Ereignisses wird von der ‹Lesart› jedes einzelnen Zuschauers des komplexen ‹Aufführungstextes› abhängen.

XII

Die Darsteller
und das Publikum

I

Ein wahres Füllhorn von Zeichen und den ‹Botschaften›, die jedes
von ihnen transportieren soll – oder unbeabsichtigt transportiert –,
wird über dem Publikum einer dramatischen Aufführung ausge-
schüttet. Wie wir gesehen haben, werden die einzelnen Zeichen
dazu neigen, sich zu größeren Bedeutungsstrukturen zu verbinden.
Doch was die Aufführung ihrem Publikum letztendlich ‹sagen›
wird, was sie für jedes Mitglied dieses kollektiven Gebildes ‹aussagt›, wird wiederum von der Kapazität oder ‹Kompetenz› jedes
einzelnen Zuschauers abhängen, die einzelnen Zeichen und Zeichenstrukturen zu verstehen oder zu ‹dekodieren›, wie auch von
seiner oder ihrer Bereitschaft, der Aufführung genügend Aufmerksamkeit zu widmen, um alles in sich aufzunehmen. (Im ‹Fernseh-
zeitalter› ist das wichtiger geworden als je zuvor.)

Daraus folgt, daß die endgültige ‹Aussage› – also der Teil der
‹Botschaft› oder des ‹Inhalts› der Aufführung, der sich in der Vorstellung des Zuschauers im Verlauf der Aufführung entwickelt und
ihm, nachdem sie beendet ist, im Gedächtnis bleibt – für jedes einzelne Mitglied des Publikums eine andere sein muß.

Dieses Gesamtbild kann, wie wir gesehen haben, auf der Grundlage eines mehr oder weniger allgemein geteilten *Konsenses* darüber beruhen, was mit wem in dem Drama geschehen ist. Trotzdem
wird es immer einige im Publikum geben, die nicht einmal so viel
‹mitgekriegt› haben. Solche oft wiederholten Anekdoten wie die der
beiden alten Damen, die, aus Ibsens *Gespenster* kommend, be-

merkten: «Nun, ich nehme an, der arme Junge hatte Schwindsucht», werden nicht ohne Grund erzählt; auf ähnlich verständnislose Zuschauer kann man am Ende jeder Aufführung stoßen.

Solche Verwirrungen und Fehlinterpretationen entspringen zwei unterschiedlichen Quellen: entweder einem Mangel an ‹Kompetenz›, zu verstehen, worum es ging: im Fall von *Gespenster* das Ignorieren des Vorhandenseins oder des Problems von Geschlechtskrankheiten oder wenigstens, vorausgesetzt die Inszenierung war gut gemacht, des Euphemismus, durch den allein es in der viktorianischen Gesellschaft angedeutet werden konnte; oder einem Mangel an Interesse, Aufmerksamkeit und Konzentration.

Drama baut seine Darstellung der Wirklichkeit auf nichtlineare, nichtsystematische Weise auf: Der Zuschauer muß aufpassen, die grundlegenden Bestandteile der ‹Exposition› und der nachfolgenden Verkettung von Ereignissen aufzuschnappen und sie in ein Gesamtbild zu integrieren. Wenn die Aufmerksamkeit nachläßt oder wenn er abgelenkt wird, kann ein wesentliches Verbindungsglied in der Kette fehlen, und die ganze Struktur paßt nicht mehr zusammen, ‹ergibt keinen Sinn›. Das kann manchmal der Fehler der Aufführung selbst sein. Wenn zum Beispiel zwei Rollen von Schauspielern gespielt werden, die sich zu ähnlich sehen, kann es für einige Zuschauer schwierig sein, sie auseinanderzuhalten; wichtige Fakten können aus dem Dialog nicht klar genug hervorgehen. Aber sehr häufig mangelt es dem Publikum an Interesse und Konzentration, was wiederum oft an der Schwäche der Handlung oder der Regie liegt. Es war einfach nicht ‹spannend› genug.

Die Aufnahmebereitschaft und Konzentration des Publikums wiederum – und natürlich seine Gegenwart im Theater, Kino oder vor dem Fernsehapparat – ist abhängig davon, wie es im vorhinein sein potentielles Interesse an dem, was angeboten wird, einschätzt. Hier liegt die Funktion der vorbereitenden und rahmenden Signifikanten: Sie schaffen den Erwartungshorizont, der das Publikum zunächst einmal zu der Aufführung zieht, seine Ausgangsstimmung und die Bereitschaft aufzunehmen, was angeboten wird. Das wiederum führt zu einer sogar noch grundlegenderen Frage: Was motiviert die Darsteller, die Aufführung anzubieten, und das Publikum, sie erleben zu wollen?

Die Kategorie der Aktivitäten, unter die Drama fällt, wird von Geisteswissenschaftlern und Kritikern (ich schließe mich selbst ein) fast automatisch als ‹Kunst› begriffen. Aber die heikle Frage außer acht lassend, wie denn Kunst selbst zu definieren sei, kann Drama eindeutig auch unter anderen Überschriften klassifiziert werden.

Zum Beispiel ist Drama in unserer Welt ein Geschäft, ein Industriezweig. Von den meisten seiner Konsumenten wird es als Unterhaltung angesehen, eine Art, die Zeit zu verbringen, auf andere Gedanken gebracht, abgelenkt, zerstreut zu werden. Drama kann auch als ‹kulturelles Phänomen› betrachtet werden: ein Ritual, durch das eine Gesellschaft mit sich selbst Zwiesprache hält, sogar eine quasireligiöse Aktivität. Als solche ist es mit äußerster Ernsthaftigkeit zu betrachten; in manchen Ländern sind die ‹National›-theater wahre Heiligtümer, in denen täglich die nationale Identität zelebriert wird.

Doch Drama ist auch eine ‹spielerische› Tätigkeit, die reiner Ausgelassenheit oder dem Spaß an der Nachahmung entspringt; Kinder, die Vater und Mutter spielen oder Arzt und Patient, sind mit improvisiertem Drama beschäftigt als Form vergnügten, fröhlichen Ausdrucks ihres Selbst und auch als Lernprozeß. Und als Brecht seine Lehrstücktheorie aufstellte, postulierte er sogar Drama dieser Art, ohne ein Publikum als Weg, auf dem Schauspieler etwas über die Welt lernen könnten, darüber, wie sich Opfer und Henker fühlen, indem sie diese Rollen im Wechsel spielen. Hier bilden die Spieler selbst ihr eigenes Publikum.

All das führt zu der Frage, was der fundamentale Aspekt von Drama sein könnte, der all diesen verschiedenen und divergierenden Zielen und Motivationen zugrunde liegt, für die dramatische Darstellung unternommen wird. Was ist der eine grundlegende Antrieb für Drama, der es uns ermöglicht, die wesentliche Methode seines Funktionierens zu verstehen, mit der es alle diese scheinbar so verschiedenen Bedürfnisse, Absichten, Ansprüche und Erfordernisse zusammenbringt?

Was zum Beispiel, so müssen wir fragen, motiviert das Publikum? Warum wollen Menschen Dramen erleben, warum sollten sie, wie Hamlet sagt, in einem Stück sitzen und sich «von der Kunst der Bühne» «treffen» lassen?

Shakespeare (der mit Sicherheit mehr über Drama wußte als die meisten Praktiker dieser Kunst – oder des Geschäfts?) liefert das, was für mein Gefühl die einfachste, grundlegendste Motivation für jedes Publikum ist: In *Ein Sommernachtstraum* ruft Theseus, der Herzog von Athen, an seinem Hochzeitsabend nach einem Stück:

> «Wie bringen wir nach Tisch bis Schlafengehen
> Den langen Zeitraum von drei Stunden hin?
> …
> Was giebt's für Kurzweil, ist kein Schauspiel da,
> Um einer langen Stunde Qual zu lindern?
> …Wie täuschen wir
> Die träge Zeit, als durch Belustigung?» (V,1)

Die Motivation des Publikums ist hier einfach das Bedürfnis, die Zeit angenehm zu überbrücken. Diese Erwartung von etwas Vergnügen oder Freude, von ästhetischer Befriedigung liegt sicherlich all den anderen Motivationen zugrunde, die ein Publikum zu einer dramatischen Aufführung bringen. Sie ist der Grundstein, auf dem alle anderen Befriedigungen, die Drama bringen kann, ruhen müssen, das grundlegende Ziel, das Menschen dazu veranlaßt, sich einer dramatischen Aufführung auszusetzen. Die Notwendigkeit, diese Erwartung einer angenehm überbrückten Zeit *zu erfüllen*, *muß* das grundlegend strukturelle Prinzip hinter *jeder* dramatischen Aufführung sein, sogar jener, die letztlich höhere Ebenen der Erfahrung anstrebt (emotional, intellektuell, didaktisch, sublim kathartisch, religiös oder quasireligiös).

Hamlet hätte Claudius nicht bei seinem Gewissen packen können, wenn nicht die Erwartung eines zerstreuenden Erlebnisses den König geködert hätte, dieser Vorstellung der ‹Mausefalle› beizuwohnen.

Diese grundlegende Wahrheit wird auch von einem anderen großen Praktiker des Dramas anerkannt: Bertolt Brecht, derselbe, der zu Beginn seiner Laufbahn das Drama als didaktisches Werkzeug betrachtet hatte, ein Lehrinstrument, das vielleicht nicht einmal Zuschauer braucht, solange die Schauspieler selbst etwas aus der

Tätigkeit des Rollenspiels lernen. Nachdem er zwanzig Jahre auf einem rein didaktischen Zweck von Drama bestanden hatte, änderte er seine Meinung vollkommen. In seinem *Kleinen Organon für das Theater* beginnt er mit folgender Definition:

> «*Theater* besteht darin, daß lebende Abbildungen von überlieferten oder erdachten Geschehnissen zwischen Menschen hergestellt werden, und zwar zur Unterhaltung.» [1]

Und er betont:

> «Seit jeher ist es das Geschäft des Theaters wie aller andern Künste auch, die Leute zu unterhalten. Dieses Geschäft verleiht ihm eine besondere Würde; es benötigt keinen anderen Ausweis als den Spaß, diesen freilich unbedingt. Keineswegs könnte man es in einen höheren Stand erheben, wenn man es etwa zum Beispiel zu einem Markt der Moral machte; es müßte dann eher zusehen, daß es nicht gerade erniedrigt würde, was sofort geschähe, wenn es nicht das Moralische vergnüglich, und zwar den Sinnen vergnüglich machte – wovon das Moralische allerdings nur gewinnen kann.» [2]

Brecht leugnet nicht die religiösen, rituellen Ursprünge des Dramas:

> «Wenn man sagt, das Theater sei aus dem Kultischen gekommen, so sagt man nur, daß es durch den Auszug Theater wurde; aus den Mysterien nahm es wohl nicht den kultischen Auftrag mit, sondern das Vergnügen daran, pur und simpel. Und jene Katharsis des Aristoteles, die Reinigung durch Furcht und Mitleid, oder von Furcht und Mitleid, ist eine Waschung, die nicht nur in vergnüglicher Weise, sondern recht eigentlich zum Zwecke des Vergnügens veranstaltet wurde.» [3]

Doch Brecht ergänzt, es gibt

> «…schwache (einfache) und starke (zusammengesetzte) Vergnügungen, bereitbar durch das Theater. Die letzteren, mit denen wir es bei der großen Dramatik zu tun haben, erreichen ihre Steigerungen, etwa wie der Beischlaf sie in der Liebe erreicht; sie sind verzweigter, reicher an Vermittlungen, widersprüchlicher und folgenreicher.» [4]

1 Brecht, Kleines Organon für das Theater, in: *Gesammelte Werke*. Bd. 16. Frankfurt/M.: Suhrkamp 1967, S. 663.
2 Ebenda, S. 663/64.
3 Ebenda, S. 664.
4 Ebenda, S. 664/65.

Es ist die Sehnsucht nach und die Erwartung von solch verschiedenen Formen einfacher und komplexer Befriedigungen, die Publikum zum Drama bringt. Was die Motivation der Darsteller betrifft, auch hier liefert *Ein Sommernachtstraum* einige Einblicke.

Als es so aussieht, als ob die ungehobelten Handwerker aufgrund der Abwesenheit des Hauptdarstellers die Chance, ihr Stück zu spielen, vertan haben, lassen Schnock, der Schreiner, und Flaut, der Bälgenflicker, die Katze aus dem Sack:

> «Wenn unser Spiel vor sich gegangen wäre, so wären wir alle gemachte Leute gewesen.
>
> O lieber Sappermentsjunge Zettel! So hat er nun sechs Batzen des Tags für Lebenszeit verloren. Er konnte sechs Batzen des Tags nicht entgehn, – (und wenn ihm der Herzog nicht sechs Batzen des Tags für den Pyramus gegeben hätte, will ich mich hängen lassen!).»
> (IV,2)

Täglich Sixpence auf Lebenszeit bedeutete ein beträchtliches Einkommen im England Shakespeares. Die ungehobelten Handwerker waren hinter einem Vermögen her, das ihnen durch die Großzügigkeit des Herzogs in Anerkennung ihrer Bemühungen, ihn zu unterhalten, zuteil werden sollte.

Soviel zu den Motiven der Spieler in diesem Fall. Aber natürlich ist der finanzielle Gewinn nicht die einzige Motivation für dramatische Aufführung, obwohl sie in unserer Zeit vorrangig ist. Hamlet will den König bei seinem Gewissen packen, indem er «Die Ermordung Gonzagos» auf die Bühne bringt. So kann, war und ist das Freiwerden von tiefen Gefühlen und profunden Einsichten (ob religiöse Erfahrung, moralische Aufrichtung, politische Propaganda oder eben das Erregen von Schuldgefühlen) häufig ein wichtiges Ziel der dramatischen Aufführung. Obwohl die ungehobelten Handwerker durch den Wunsch, ein stattliches Jahreseinkommen zu erreichen, motiviert sind, soll ihre Aufführung von «Die höchst klägliche Komödie und der höchst grausame Tod des Pyramus und der Thisbe» offensichtlich (in Verfolgung dieses vorrangigen Ziels) auch ein wahres Kunstwerk sein, eine wahre Tragödie, da sie so entworfen ist, daß sie die Gefühle ihres Publikums durch Furcht und Mitleid reinigen soll. Doch

ironischerweise erntet sie bemerkenswerten Erfolg in genau umgekehrter Hinsicht, als Quelle großer Heiterkeit für die anspruchsvol-
len Zuschauer.

Die Botschaft, die ihre Empfänger erreicht, weicht also in hohem
Maße von dem ab, was die Sender der Botschaft beabsichtigten.
Wenn Hippolyta erklärt:

> «Das ist das einfältigste Zeug, das ich jemals hörte.»

erwidert Theseus:

> «Das beste in dieser Art ist nur Schattenspiel, und das schlechteste ist
> nichts schlechteres, wenn die Einbildungskraft nachhilft.»

Hippolyta antwortet:

> «Das muß denn Eure Einbildungskraft thun, und nicht die ihrige.»
> (V,1)

Es ist also die Vorstellungskraft des Zuschauers, die die entscheidende Wirkung, die endgültige Aussage produziert, wenn tatsächlich Aussage am Ende des Erlebnisses stehen soll und nicht nur
seichte Unterhaltung.

Wie auch immer, *Ein Sommernachtstraum* ist ‹Metadrama› (d. h.
Drama innerhalb und über Drama) von hoher Komplexität; denn
im Spiel der ungehobelten Handwerker ist es eine der Hauptsorgen
der Darsteller, die Beleidigung ihres Publikums unter allen Umständen zu vermeiden. Verschiedentlich werden während der Proben,
deren Zeugen wir werden, erklärende Prologe und warnende
Adressen ans Publikum in die Tragödie eingefügt, um den Schrek-
ken oder Ekel zu verringern, den die Damen empfinden könnten,
wenn zum Beispiel ein brüllender Löwe erscheint. Shakespeare, der
Meistererzähler, macht sich nicht nur über die Inkompetenz dieser
Amateurschauspieler lustig, sondern auch über ihre pathetische
Ängstlichkeit zu *gefallen*, anstatt ihr Publikum zu schockieren oder
zu beleidigen.

Doch dann greift Shakespeare im Epilog seines eigenen Stücks zu
genau den gleichen Mitteln und versucht, sein Publikum (wahrscheinlich, genau wie das höfische Publikum in Theseus' Palast im

Stück, hochgeborene Lords und Ladies, die versuchen, sich am Abend einer feierlichen Hochzeit zu zerstreuen) mit einer fast identischen Zuflucht zur direkten Entschuldigung in Pucks Epilog zu besänftigen:

> «Wenn wir Schatten euch beleidigt,
> O so glaubt – und wohl verteidigt
> Sind wir dann! – ihr alle schier
> Habet nur geschlummert hier,
> Und geschaut in Nachtgesichten
> Eures eignen Hirnes Dichten.
> Wollt ihr diesen Kindertand
> Der wie leere Träume schwand,
> Liebe Herrn, nicht gar verschmähn,
> Sollt ihr bald was Bessres sehn.»

Sorge, ihrem Publikum zu gefallen, es nicht zu beleidigen, so daß der Lohn für ihre Mühe gesichert ist, erscheint hier als wenigstens eine der Motivationen nicht nur der lächerlichen Clowns des Stücks im Stück, sondern genauso als die von Shakespeare und seinen Schauspielern. Auch er akzeptiert, daß das Bedürfnis, die Zeit angenehm zu verbringen, sich eine Stunde zu vertreiben, ohne über Gebühr erschreckt oder beleidigt zu werden, das Hauptmotiv ist, das ein Publikum zum Drama zieht.

Wie der große Dr. Johnson es in dem Prolog, den er für Garrick am Drury Lane Theatre schrieb, so prägnant formuliert hat:

> «Denn wir, die leben, um zu gefallen, müssen gefallen, um zu leben.»

Dennoch wäre es falsch, diese letzte Feststellung als ein Befürworten oder Billigen der reinen Gier nach dem Geld des Zuschauers zu interpretieren. Es steht außer Zweifel, daß ein tiefes Bedürfnis, sich auszudrücken, ein zwingender Schaffensdrang viele der Künstler inspiriert – Autoren, Schauspieler, Regisseure, Bühnen- und Kostümbildner –, die mit Drama zu tun haben. Es ist genau die Spannung zwischen der Notwendigkeit, sich auszudrücken, und der Notwendigkeit, zu ‹gefallen›, ein Publikum zu ‹erreichen›, die die grundlegende Dialektik der Aufführung ausmacht. Exzessives Eingehen auf die bekannten Vorlieben des Publikums, ein bewußtes Ausschlachten bewährter Methoden produziert ein wiederholtes

Wiederkäuen bewährter früherer Erfolge, was, weil es vorhersehbar und damit uninteressant wird, schließlich das eigentliche Ziel zunichte macht, nämlich durch Neues und Unerwartetes zu erfreuen. Exzessive Konzentration auf den Ausdruck der eigenen Persönlichkeit ohne Rücksicht auf die Bedürfnisse des Publikums führt zu selbstverliebter Arbeit, die sich in extremen Fällen nicht mehr vermittelt und vollkommen unklar und ichbezogen bleiben wird.

Der Ausdruck tiefsten Schaffensdrangs kann daher nur stattfinden, wenn er mit dem grundlegenden Bedürfnis des Publikums nach Einbeziehung und dem daraus resultierenden ästhetischen Genuß (Freude, Lachen, kathartische Aufrichtung) zusammengebracht wird. Nur wenn die Aussicht auf solchen Genuß ihnen ständig vor Augen steht, werden die Zuschauer willens und imstande sein, die Konzentration und Aufmerksamkeit aufzubringen, die sie in die Lage versetzen, aus der Vielzahl der einzelnen Zeichen, die sie aufnehmen, die imaginäre Struktur zu schaffen, die in ihrer Vorstellung die ‹Botschaft› oder ‹Aussage› der Aufführung ausmacht, deren Zeuge sie waren.

Es muß als primäres Ziel erreicht werden, daß alle der dramatischen Aufführung zur Verfügung stehenden Zeichensysteme angewendet und strukturiert werden.

Letztlich heißt das, um unsere anfängliche Definition zu erweitern, daß eine dramatische Aufführung als Folge von Darstellungen, Bildern und Illustrationen menschlichen Lebens betrachtet werden kann, die von Menschen *derart gestaltet ist, daß sie im vorhinein ein Maximum an Interesse hervorruft*, so daß die Zuschauer sich entscheiden und die Mühe auf sich nehmen werden, zu kommen und zuzusehen – *und dann ihre Aufmerksamkeit und Konzentration gewinnt und fesselt*, und zwar so wirkungsvoll, daß die Zuschauer dem dramatischen Ereignis mit Freude bis zu dem Punkt folgen, an dem sie ihre augenblicklichen Sorgen vergessen als auch für einen Moment die Langeweile überwinden, die so viel unseres wachen Seins begleitet.

Der Erfolg jeder dramatischen Aufführung hängt also von ihrer Fähigkeit ab, Interesse und Erwartungen zu wecken, die sie lebendig erhalten kann, indem sie die Aufmerksamkeit des Zuschauers bis zu ihrer endgültigen Erfüllung aufrechterhält oder, mit anderen

Worten, indem sie andauernde Spannung erzeugt, das heißt den Wunsch, weiter zuzusehen, was als nächstes passieren wird.

Eine dramatische Aufführung muß also auf der einfachsten Ebene zunächst als Ereignis betrachtet werden, das dafür entworfen ist, die Aufmerksamkeit derer, für die es bestimmt ist, zu *gewinnen* und *festzuhalten.*

Hier kommen wir zum psychologischen und physiologischen Grundstein der Ästhetik der dramatischen Aufführung: dem Zustand der Konzentration und Aufmerksamkeit des Publikums. Wie ein anderer großer Dramatiker, der auch ein äußerst erfahrener Praktiker war, Goethe, es im «Vorspiel auf dem Theater» zu *Faust* ausdrückt, haben die Darsteller gewaltige Anfangshindernisse zu überwinden:

> «Wenn diesen Langeweile treibt
> Kommt jener satt vom übertischten Mahle
> Und was das allerschlimmste bleibt
> Gar mancher kommt vom Lesen der Journale
> Man eilt zerstreut zu uns wie zu den Maskenfesten,
> Und Neugier nur beflügelt jeden Schritt
> Die Damen geben sich und ihren Putz zum besten
> Und spielen ohne Gage mit...»

Und was schlimmer ist, viele der Zuschauer vertreiben sich nur die Zeit bis zum nächsten erwarteten Vergnügen:

> «Der, nach dem Schauspiel hofft ein Kartenspiel
> Der eine wilde Nacht an einer Dirne Busen!
> Was plagt ihr armen Toren viel
> Zu solchem Zweck die holden Musen?»[5]

Gegen diese Hindernisse müssen die Darsteller ankämpfen, um Aufmerksamkeit und Konzentration zu bewirken. Der Grad dieser konzentrierten oder zerstreuten, verminderten Aufmerksamkeit ist etwas, das man fühlen, sogar messen kann. Mit Sicherheit können die Darsteller in einem Theater sie fühlen: durch die Stille des Publikums oder durch sein Reagieren mit Gelächter oder angehaltenem Atem, wenn seine Aufmerksamkeit in Anspruch genommen ist;

---

5 J. W. Goethe, *Faust, Eine Tragödie.* «Vorspiel auf dem Theater», Zeilen 13–19 und 24–27.

durch seine Unruhe, Husten und Flüstern, wenn nicht. Aufmerksamkeit zu erreichen ist im Fall des Fernsehens, in der familiären Umgebung zu Hause mit all ihren Ablenkungen sogar noch schwieriger.

Die Spanne der Aufmerksamkeit von Einzelpersonen und Gruppen ist begrenzt. Wenn die Erfüllung einer Erwartung zu lange ausbleibt, ermattet die Aufmerksamkeit; daher muß, wie wir gesehen haben, die Struktur eines dramatischen Ereignisses in der Dimension der Zeit einer Dialektik von ständig neu erregten Erwartungen folgen, die, einmal erfüllt, Anlaß zu weiteren, neuen geben. Daher die Verbindung dramatischer Ereignisse zu schematisierten Strukturen in Zeit, wie sie im vorigen Kapitel besprochen worden sind: Bild-, Begriffs-, Handlungs-, Hörstrukturen.

Monotonie ist für alle Sinne tödlich, sie lähmt die Aufmerksamkeit bis zum Punkt des Einschläferns. Daher muß selbst auf rein physiologischer Ebene das strukturelle Prinzip, das all diesen Schemata zugrunde liegt, die ständige Bewegung sein, die Schöpfung von Vielfalt, Wechsel und Überraschung.

Wie man die Aufmerksamkeit festhält und die Konzentration des Publikums fesselt, das ist die höchste Fertigkeit, die die Schöpfer einer dramatischen Aufführung meistern müssen.

XIII

Die Kompetenz des Publikums: gesellschaftliche Konventionen und persönliche Meinungen

I

Die Vielfalt der Zeichenstrukturen jeder dramatischen Aufführung, die von ihren Schöpfern herausgearbeitet und verwoben worden sind, kann nur dann ihre Wirkung auf die Zuschauer, die ihnen ausgesetzt sind, haben, wenn sie wissen, wofür sie stehen. Wie einer der führenden Experten auf der Welt für «mündlich überlieferte Literatur» (wofür dramatische Aufführung eindeutig ein Beispiel ist) es ausdrückt:

> «(Ein Text)... kann nur durch einen Code, der im Geist eines leben-
> den Menschen existiert und funktioniert, in eine Äußerung verwan-
> delt werden.» [1]

Daher müssen die Fähigkeiten der Schöpfer der Aufführung zur ‹Kompetenz› des Publikums passen und hängen davon ab, ob es, wenn auch nicht alles, so doch ein ausreichendes Minimum der Zeichen und Zeichensysteme dekodieren kann, die innerhalb der Aufführung eingesetzt werden.

Doch die überwiegende Mehrzahl aller Zeichen, die im täglichen Leben wie in den Künsten verwendet werden, ist weit davon entfernt, universell gültig oder verständlich zu sein. Möglicherweise verstehen wir, was die Art der Kleidung oder der Haarschnitt einer Person bedeutet, weil wir mit dem Bekleidungscode unserer Zivili-

---

1 Walter J. Ong, «Text as Interpretation», in: *Oral Tradition in Literature* (Hg. J. M. Foley). Columbia: University of Missouri Press 1986, S. 148–9 (dt. von C. S.).

sation vertraut sind. Wir verstehen, was sie sagt, weil wir die Sprache kennen, die sie benutzt. Wir sind beeindruckt oder abgestoßen von ihrem Benehmen, weil wir den Code guter Manieren in unserer speziellen Gesellschaft, Kultur oder Subkultur kennen. Wenn die betreffende Person aus einer anderen Gesellschaft kommt, können wir die Zeichen ihrer Kleidung möglicherweise nicht verstehen oder fehlinterpretieren, und wir werden ihre Sprache nur dann verstehen, wenn wir ihren Code gelernt haben. Die meisten Zeichen, die wir in unserem täglichen Leben aktiv benutzen oder passiv wahrnehmen, sind ‹kulturell determiniert›.

Nur sehr wenige Gesten oder Gesichtsausdrücke können als allen Menschen augenblicklich verständlich beschrieben werden, unabhängig von ihrem kulturellen oder gesellschaftlichen Hintergrund: vielleicht solche deiktischen Gesten wie das Zeigen mit dem Finger oder das instinktive, spontane Schreien aus Angst und Schrecken oder von Wut hervorgerufene, verzerrte Gesichtszüge.

Sogar die rein physische Erscheinung eines Schauspielers oder einer Schauspielerin ist nicht ohne kulturell determinierte Bedeutung: Was in einer Kultur oder einer Epoche als schön gilt, stimmt nicht notwendigerweise mit den Idealen einer anderen Kultur oder einer anderen Epoche überein. In manchen Kulturen wird eine Frau für um so schöner gehalten, je dicker sie ist. In unserer gegenwärtigen westlichen Kultur wird Schlankheit als der Gipfel der Attraktivität betrachtet. Im Film wirken Schauspielerinnen, die vor fünfzig Jahren als glamouröse Schönheiten bewundert wurden, jetzt sogar ausgesprochen unelegant und lächerlich, wie auch unsere Divas künftigen Generationen zweifellos weit weniger attraktiv erscheinen werden. Die nichtverbalen Zeichen, die von einer Gesellschaft, Kultur oder Subkultur benutzt und verstanden werden, sind folglich ebenso spezifisch für ihren Ort und ihre Epoche wie verbale Sprachen. Jede Nationalität oder ethnische Gruppe hat nicht nur ihre eigene Sprache, es gibt auch unzählige Variationen, in regionalem Dialekt und Idiom, in spezialisierten Sprachen verschiedener Berufe oder sozialer Gruppen, wie auch die Variationen, denen alle diese Sprachen im Lauf der Zeit unterliegen. Ein Stück, das den professionellen Jargon von Agronomen oder Computer-Ingenieuren benutzt, kann durchaus vieles enthalten, das für

Zuschauer der gleichen Sprachgruppe, denen diese spezialisierten Idiome unbekannt sind, unverständlich ist. Und genauso enthalten die Stücke von Shakespeare viele verbale Signifikanten, die an die meisten, die heute Alltagsenglisch sprechen, verschwendet sind.

Folglich wird die Fähigkeit des einzelnen Zuschauers eines Stücks, Films oder einer Fernsehsendung aufzunehmen, was ihm gezeigt wird, je nach seiner oder ihrer ‹Kompetenz›, seiner oder ihrer Vertrautheit mit dem Sittenkodex, stillschweigenden Voraussetzungen und der Sprache der erfundenen Welt, der er ausgesetzt ist, unterschiedlich sein. Er muß die linguistischen und Verhaltens-‹Konventionen› dieser Welt kennen.

Zusätzlich muß er oder sie mit den Techniken, mittels deren diese Welt im Drama dargestellt wird, vertraut sein. So muß er oder sie auch wenigstens die Grundlage der dramatischen oder filmischen ‹Konventionen› des spezifischen dramatischen Mediums kennen.

Daher können die ‹Konventionen›, die eine Aufführung formen und die ‹Kompetenz› eines einzelnen Zuschauers herausfordern, die Zeichen, die ihm oder ihr gezeigt werden, zu verstehen oder zu ‹dekodieren›, als zu zwei unterschiedlichen Kategorien gehörig betrachtet werden:

— Konventionen der betreffenden Kultur, Zivilisation oder Gesellschaft, zu der Darsteller und Zuschauer gehören: *kulturelle, ideologische oder Verhaltenskonventionen*

und

— Konventionen, die die Darbietung der dramatischen Aufführung bestimmen: *dramatische oder Aufführungskonventionen*.

2

Die allgemeinen kulturellen Konventionen, die in der Aufführung ikonisch dargestellt werden, decken das Spektrum des Lebens und Verhaltens innerhalb der betreffenden Kultur ab; ihre Sprache, Sitten, moralischen Normen, Rituale, Geschmacksrichtungen, Ideologien, Humor, Aberglauben, religiösen Glauben, die Gesamtheit ihrer Vorstellungen und Begriffe.

Es ist klar, daß nicht alle Zuschauer auch innerhalb des gleichen Kulturraums gleichermaßen mit allen Aspekten aller beteiligten Konventionen vertraut sein werden; zum Beispiel könnte ein Landarbeiter im 18. Jahrhundert die Feinheiten der Manieren und des aristokratischen Sittenkodex nicht bemerkt haben, von denen das Verständnis für den Witz einer Restaurationskomödie von Congreve oder Vanbrugh abhing. Auch wäre sein Vokabular nicht groß genug gewesen, um der raffinierten Sprache des Dialogs zu folgen. Um einen Aufführungstext vollkommen verstehen zu können, ist Kompetenz in spezifischen ‹subkulturellen Konventionen› nötig.

Sie können sich aus den Feinheiten von Sitten und Verhalten in bestimmten sozialen Schichten oder der Kenntnis von Nebenbedeutungen bestimmter Worte, besonders Eigennamen, ableiten. In Pinters *Der Hausmeister* ruft die Bemerkung des Landstreichers Davies, daß seine persönlichen Papiere für ihn in Sidcup aufbewahrt werden, bei einem Londoner Publikum Heiterkeit hervor, einfach weil der Name gerade dieses Vororts bestimmte Assoziationen von halben Doppelhäusern der unteren Mittelschicht nahelegt, die das genaue Gegenteil eines Aufbewahrungsorts für offizielle Papiere sind. Genauso tragen sogar die Nummern der verschiedenen New Yorker Straßen – auf den ersten Blick die klinischste, sterilste Art von Bezeichnung – eine Fülle von Nebenbedeutungen für diejenigen, die mit 42nd oder 8th Street vertraut sind. Ein großer Teil des Humors der ‹situation comedy› im Fernsehen beruht auf der Kenntnis des Lebensstils und der Verhaltensmuster der betreffenden Subkulturen der Mittelschicht oder unteren Mittelschicht.

Für einige Zuschauer wird außerdem je nach ihren Vorkenntnissen und ihrer Kultiviertheit die Aussage einer Aufführung von einer Vielzahl anderer Faktoren beeinflußt werden, etwa einzelnen Informationen oder Wissen, das dem allgemeinen kulturellen Umfeld gerade ihrer Gesellschaft, Kultur oder Subkultur eigen ist. Das sind zum Beispiel die mehr oder weniger subtilen Unterströmungen der Aussage, die aus dem Text ‹zwischen den Zeilen› entstehen: Verweise auf Parallelen zu oder Variationen von Themen, die als ‹allgemein bekannt› in diesem Umfeld vorausgesetzt werden. Die ‹Mythen› und Geschichten, die das Volksbewußtsein formen, fallen unter diese Überschrift.

Im Kontext des heutigen Volksdramas ist das eine der grundlegenden Quellen für das Verständnis und das Vergnügen des Publikums an den unzähligen Serien und Fortsetzungsgeschichten im Fernsehen: Die Vorkenntnis der Persönlichkeiten der Hauptrollen und der Eigenheiten in ihrem Verhalten (und ihrer Darsteller) sowie ein Bewußtsein für die sehr stark festgelegten Strukturen, auf denen jede Folge basiert, macht es nicht nur leichter, diesen dramatischen Episoden zu folgen, sondern produziert gerade durch die Variationen der Struktur, die jede Folge mit sich bringt, Aussage. Die immense Popularität von Drama, das stereotype Figuren und hochformalisierte Handlungsstrukturen verwendet – von der neuen griechischen Komödie über die italienische *commedia dell'arte* bis zu den heutigen Fernsehserien –, entspringt dieser Quelle von Erwartung und Entzücken: der zusätzlichen Bedeutung, die sich aus der vorherigen Kenntnis des Materials und seiner Hintergründe ableitet.

Was für die seichten Vergnügungen der populären Unterhaltung gilt, gilt ebenso, wenn wir an die höchsten Ziele des Dramas denken. Auch die klassische griechische Tragödie, die eine relativ schmale Auswahl von Stoffen aus den Mythen verwendete, verließ sich auf die Vertrautheit des einzelnen Zuschauers mit den Figuren und Geschichten (die Teil der Kultur waren und damit in die Sphäre der kulturellen oder subkulturellen Konventionen gehörten) und seine Freude an der Brillanz und dem Witz, mit dem diese grundlegenden ‹Vorgaben› von einzelnen Autoren subtil variiert, parodiert oder unterlaufen wurden. Dieser Prozeß hat sich durch die westliche Kulturgeschichte hindurch fortgesetzt – zumindest für solche Zuschauer, die mit der griechischen Kultur vertraut blieben. Die Aussage von, sagen wir, Jean Anouilhs *Antigone* leitet sich für solche Menschen aus ihrer Kenntnis des Stücks von Sophokles über das gleiche Thema ab, einem Vergleich zwischen den beiden und dem intellektuellen Vergnügen daran, die subtilen Variationen und Umwertungen der bekannten Ereignisse und Begriffe durch den modernen Autor zu erkennen. Man könnte argumentieren, daß ein beträchtlicher Teil der Aussage der meisten dramatischen Erfahrungen sich aus solcher vorherigen Kenntnis des Textes ‹zwischen den Zeilen› ableitet. Und auch hier bezeichnet ‹Text› nicht nur das verbale Element des Dramas, sondern die ganze ‹Textur› der interagierenden Zeichensysteme. Auch Gesten, visuelle Strukturen, im Film das ‹Zitat› klassischer Inszenierungsmodelle, Kamerawinkel und Schnitt tragen die gleichen subtilen Unterströmungen von nostalgischer, parodistischer oder dialektischer Bedeutung.

3

Für das Verstehen der Aussage einer dramatischen Aufführung wie für die Vertrautheit mit der Gesamtheit der kulturellen Konventionen der Gesellschaft, um die es geht, ist ein Bewußtsein für die spezifischen dramatischen oder Aufführungskonventionen innerhalb dieser Kultur, Gesellschaft oder Subkultur ebenso wichtig wie auch für die des spezifischen dramatischen Mediums oder der Subgattung: Bühnenstück (d. h. Tragödie, Komödie, Schwank), Oper, Kabarett, Film (d. h. Western, Musical, Thriller), Fernsehen (d. h. ‹situation comedy›, Kriminalserie) etc.

Diese wiederum können als zu zwei getrennten Kategorien gehörig betrachtet werden: die grundlegenden Voraussetzungen, die dramatischer Aufführung im allgemeinen zugrunde liegen und die in unterschiedlichen Kulturen meist dieselben sind – wie die Notwendigkeit für das Publikum, sich bewußt zu sein, daß die Ereignisse erfunden statt wirklich sind; daß Menschen, die getötet werden, nicht wirklich tot sind; daß die Persönlichkeiten der Schauspieler nicht identisch sind mit denen der Figuren; daß sich die erfundene Welt der Bühne, der Leinwand oder des Bildschirms über die Grenzen ihres Rahmens hinaus fortsetzt etc. (Die alte Anekdote über den Tölpel, der, als Kean rief: «Mein Königreich für ein Pferd!», aus dem Publikum brüllte: «Langt auch ein Esel?», worauf Kean erwiderte: «Ja, Sir, kommen Sie nur rauf!», illustriert, was passiert, wenn diese grundlegenden Konventionen einem einzelnen nicht bekannt sind.) Und zweitens: die spezifischen und extrem unterschiedlichen Konventionen, die bestimmte Variationen, Gattungen und Subgattungen der dramatischen Aufführung bestimmen.

Diese Konventionen haben nahezu unendlich viele Variationen. Einige wie jene, die die klassische griechische Tragödie bestimmten, das traditionelle japanische Theater (Nô, Kiyogen, Kabuki) oder klassisches chinesisches Theater sind hochformalisiert und streng. Andere Formen des Dramas erlauben ein gewisses Maß an Flexibilität und schaffen von Fall zu Fall neue Konventionen, indem sie sich entwickeln.

Folglich, um nur einige der bekannteren Beispiele zu erwähnen, hatten die Zuschauer des klassischen griechischen Dramas eine bestimmte vorgefaßte Meinung davon, wie ein Theater aussieht (Vorhänge und künstliches Licht hätten sie verwirrt); sie erwarteten, daß die Schauspieler maskiert sind, daß es chorische Passagen gibt mit einer bestimmten Funktion und Bedeutung und daß die formale Struktur des Dialogs und der chorischen Szenen einem strengen vorherbestimmten Muster folgt.

Im traditionellen japanischen Theater werden schwarzgekleidete Bühnenarbeiter, die in die Handlung eingreifen, als unsichtbar betrachtet. In der chinesischen Oper steht ein Darsteller mit einer Fahne für eine ganze Armee.

Das Publikum mittelalterlicher Mysterienspiele mußte wissen, daß von Figuren, die aus einem der verschiedenen Häuser auf der Bühne auftauchten, angenommen wurde, daß sie immer in der Szene blieben, die durch dieses Haus dargestellt wurde, auch wenn sie sich davon entfernten.

Die Zuschauer im elisabethanischen Schauspielhaus konnten ‹lesen›, was die Szenen bedeuteten, die ‹innerhalb›, auf der Hinterbühne, oder ‹oberhalb›, auf dem erhöhten Teil der Bühne, aufgeführt wurden; und das Publikum im 19. Jahrhundert wußte, daß es ‹durch› eine transparente vierte Wand hindurch in, sagen wir, einen Raum sah. Genauso versteht das heutige Publikum von Film und Fernsehen die Bedeutung von ‹Abblende›, ‹Überblendung› und wechselnden Kamerawinkeln.

‹A parts›, von einer Figur ins Publikum ‹beiseite› gesprochene Worte, wurden im europäischen Theater jahrhundertelang als unhörbar für die anderen Darsteller auf der Bühne aufgefaßt; Figuren, die für das Publikum sichtbar waren und es auch für die an-deren Darsteller sein mußten, wurden einfach deshalb für unsichtbar gehalten, weil der Stamm eines dünnen Baums oder ein unvollständiger Wandschirm als Versteck betrachtet wurde; Figuren, die gleich gekleidet waren, galten als vollkommen ununterscheidbar und konnten so miteinander verwechselt werden, obwohl der Witz für das Publikum genau darin bestand zu merken, welcher Zwilling mit welchem verwechselt wurde; im Western war es üblich, daß der Bösewicht schwarze und der Held helle Kleidung trägt... die Liste könnte fast unendlich verlängert werden.

Für unsere westliche Zivilisation ist es charakteristisch, daß Drama durch die immense Zunahme seiner Verfügbarkeit so eklektisch geworden ist, daß das Publikum mit einer Vielzahl verschiedener dramatischer Konventionen und Subkonventionen vertraut ist. Fast jeder in der westlichen Welt kann die Aufführungskonventionen des Films, Fernsehdramas und eine Vielzahl von Bühnenkonventionen lesen: Guckkasten, Arena, ‹in-the-round›, Straßentheater und verschiedene andere. Das gilt auch für die zahlreichen Subkonventionen, die das Verstehen verschiedener Gattungen, Subgattungen und Aufführungsstile bestimmen: musikalische Komödie, Oper, Thriller, Tragödie, Komödie, Schwank, um nur einige der offensichtlich theatralischen zu nennen; und für die verschiedenen ‹Gattungen› des Films (Western, Science-fiction, Slapstick, bürgerliches Drama etc.) und Fernsehens mit seinen spezifischen Konventionen für Serien, Mini-Serien, Fortsetzungsgeschichten, Seifenopern, ‹situation comedy› etc.

Jede dieser Gattungen baut eine spezifische Erwartung auf, eine spezifische Einstellung auf thematische, strukturelle und stilistische Voraussetzungen, die der besonderen Konvention bei den Zuschauern, die mit ihnen vertraut sind, zugrunde liegt.

4

Die gewaltige Ausweitung der Verfügbarkeit dramatischer Aufführung und das Aufkommen einer eklektischen Annäherung an frühere Formen des Dramas im Erwachen eines beginnenden Bewußtseins für historischen Wandel im Lauf des 19. Jahrhunderts hat zu einem regelrechten Ausufern verschiedener dramatischer Konventionen in der heutigen westlichen Zivilisation geführt.

Das wiederum führte zu einer Aufteilung des Publikums in verschiedene Untergruppen, die gekennzeichnet waren durch die verschiedenen Grade von Vertrautheit mit verschiedenen dramatischen Konventionen, von denen man erwarten konnte, daß sie sie zu einer Aufführung mitbringen würden. Von den Leuten, die Peter Halls *Orestie*, im British National Theatre aufgeführt, in rein männlicher Besetzung mit Masken sahen, wurde angenommen, daß sie etwas über den Hintergrund und die Konvention des griechischen Dramas wußten, das rekonstruiert wurde. Vom Publikum, das nach Oberammergau strömt, wird erwartet, daß es etwas über die religiöse Tradition der Mysterienspiele in Mitteleuropa weiß.

Natürlich kann ein intelligenter Zuschauer wenigstens einige der Grundregeln einer unbekannten Konvention mitbekommen, während er zuschaut. Die nachhaltig innovative Dynamik und der Wunsch, wirklich Neues zu schaffen, die so charakteristisch für die moderne westliche Kultur sind, führen auch zu einem ständigen Wandel in den Konventionen der dramatischen Aufführung. Die Geschichte der Theaterskandale, die die Einführung solcher Neuerungen begleitet, von der «Hernanischlacht» * 1831 bis zu den Skandalen, die durch Ibsen, Wagner oder Beckett hervorgerufen wurden, illustriert den Prozeß, durch den solche neuen Konventionen etabliert werden. Ein Teil des Publikums, der mit den alten Konventionen aufwuchs, versteht möglicherweise eine solche Aufführung überhaupt nicht, während andere die neue Konvention ‹dekodieren›, während sie sich entfaltet.

Um nur ein Beispiel zu zitieren: Ibsen sorgte nicht nur durch sein unübliches, gewagtes Thema für einen Skandal unter dem Publikum von 1880. Obwohl er sich recht genau an die Konvention des 19. Jahrhunderts für ein ‹gutgemachtes Stück› hielt, führte sein Wunsch nach mehr Realismus zur gänzlichen Vernachlässigung der

* «Hernani oder Die kastilische Ehre», Versdrama von Victor Hugo (Vorlage zu Verdis Oper «Ernani»): «...Gautier berichtet in seiner ‹Histoire du romantisme› (1874) über die denkwürdige Premiere des Stücks, bei der es zwischen den jungen Romantikern und den an das klassische Theater gewöhnten Zuschauern zu einem lautstarken Streit kam. Den Sieg in diesem als ‹Bataille d'Hernani› (‹Hernanischlacht›) in die Literaturgeschichte eingegangenen Wortgefecht trugen die Romantiker unter Führung Gautiers davon...» (*aus:* Kindlers Literaturlexikon).

‹A parts›. Das war in mancher Hinsicht noch bestürzender für das Publikum als die Erwähnung von Geschlechtskrankheiten oder Frauenrechten. Einer der führenden und äußerst intelligenten Londoner Kritiker, Clement Scott, erklärte sich immerhin noch 1891 verwirrt durch eine Aufführung von *Rosmersholm*:

> «Nach der alten Theorie des Stückeschreibens machte man seine Geschichte oder Studie so einfach und direkt wie möglich. Der bisher akzeptierte Plan eines Bühnenautors war es, auch nicht den Schatten eines Zweifels in bezug auf seine Charakterisierung aufkommen zu lassen. Doch Ibsen liebt es zu mystifizieren. Er ist so rätselhaft wie die Sphinx. Wer ihm wirklich gerecht werden und ihn verstehen will, sagt sich immer wieder: ‹Angenommen, diese Leute sind Egoisten oder Atheisten oder Agnostiker oder emanzipiert oder sonstwas, ich kann trotzdem nicht verstehen, warum er dies macht oder sie das.›»[2]

Die Notwendigkeit, die durch die neue naturalistische Konvention geschaffen wurde, die innersten Gedanken – den ‹Subtext› – der Figuren zu *deduzieren*, und die Fähigkeit, die erforderlich war, um den ‹Subtext› durch konzentrierte Beobachtung des scheinbar trivialen Oberflächenverhaltens zu ‹dekodieren›, waren von einem Zuschauer wie Clemens Scott noch nicht erkannt worden. Heutzutage, wo der kultiviertere Theatergänger diese Fähigkeit erworben hat, leiden Ibsens Stücke, wenn überhaupt, daran, zu transparent und überdeutlich hinsichtlich der Gefühle der Figuren zu sein.

Außerdem etabliert jedes einzelne Stück (und jeder Film) neben den Gattungs- oder stilistischen Konventionen, innerhalb deren es entworfen wurde, seine eigenen spezifischen und besonderen Subkonventionen, die das Publikum begreifen muß, um vollkommen zu verstehen, was die Aufführung ‹aussagt›. In Genets *Die Wände* zum Beispiel ist die besondere Konvention des Stücks die, daß die Figuren während der Aufführung eine Andeutung der Szenerie auf leere Papierwände malen; in Peter Shaffers *Schwarze Komödie* führt er die (ursprünglich klassisch chinesische) Konvention ein, daß eine erleuchtete Bühne bedeutet, die Figuren seien im Dunkeln und umgekehrt; eine Adaption von H. G. Wells' *Der unsichtbare*

2 Clement Scott, unsignierte Kritik im *Daily Telegraph*, 24. Februar 1891; zitiert von Michael Egan (Hrsg.), in: *Ibsen, the Critical Heritage*. London/Boston: Routledge and Kegan Paul 1972, S. 168 (dt. von C. S.).

Mann könnte darauf beruhen, die Konvention zu etablieren, daß eine Figur, die wir sehen können, für die anderen Figuren auf der Bühne tatsächlich unsichtbar bleibt. Man könnte diese Beispiele beliebig fortsetzen.

Solche Subkonventionen, die für einzelne dramatische Aufführungen spezifisch sind, müssen natürlich vom Publikum während der Aufführung gelernt werden. Der Autor, der Regisseur und die Darsteller müssen daher Techniken entwickeln, durch die die Handlung selbst das Publikum deutlich die Art lehrt, auf die es diese neu geprägten grundlegenden Voraussetzungen und technischen Hinweise ‹lesen› soll.

5

Zu den vielen gesellschaftlich und kulturell von vornherein festgelegten Konventionen, Annahmen, religiösen und moralischen Überzeugungen, gattungsbezogenen und technischen Vorbedingungen müssen wir die Fülle an persönlichen Voraussetzungen und Vorstellungen, Erinnerungen und Erwartungen, die jeder einzelne zu einer Aufführung mitbringt, hinzuzählen.

Wichtig ist hier der eigene Text, den der einzelne zwischen den Zeilen liest, seine oder ihre früheren Erfahrungen mit zum Beispiel Aufführungen des gleichen Stücks mit anderen Schauspielern oder Darstellungen einzelner Schauspieler in anderen Stücken oder Filmen. Durch, sagen wir, Oliviers Hamlet können er oder sie neue und erhellende Erkenntnisse über die Kunst der Darstellung und eben die tiefere Aussage des Stücks selbst gewinnen, indem sie diese Interpretation mit anderen, früher gesehenen Gestaltungen der Rolle vergleichen, zum Beispiel indem sie Oliviers Hamlet gegen die Erinnerung von Gielguds oder Scofields Auffassung der Rolle halten.

Die Interpretation dessen, was der oder die einzelne sieht, die ganze Aussage der Aufführung wird zusätzlich durch verschiedene andere Faktoren bestimmt werden, die in seiner oder ihrer Persönlichkeit begründet liegen; seinem oder ihrem visuellen Sinn und Geschmack, sagen wir, bei Kleidern und Möbeln, persönlichen Vorlieben für bestimmte körperliche Typen unter den Schauspielern oder auch bestimmte persönliche Interessen. Ein professioneller Historiker wird ein geschichtliches Stück von Shakespeare anders sehen als ein Nichtspezialist. Eine Aufführung kann Zeichen enthalten, die für einen einzelnen Zuschauer auffällig und bedeutungsschwanger sind, deren sich die Erzeuger der Aufführung möglicherweise vollkommen unbewußt sind und die der Rest des Publikums nicht wahrnimmt. Man erzählt sich die Geschichte von einem Theaterenthusiasten, der seinen Vater, einen Zahnarzt, in eine Aufführung von *Romeo und Julia* mitnahm, die ihm nur den Kommentar entlockte, sein hauptsächlicher Eindruck von dem Stück sei, daß die Darstellerin der Julia als Kind kieferorthopädische Behandlung gebraucht hätte. Ein Vertreter in Millers *Tod eines Handlungsreisenden* soll kommentiert haben, daß er schon immer wußte, daß Neuengland ein schwieriger Bezirk sei.

Der Schwall von Zeichen, der von den Erzeugern der Aufführung ausgesendet wird, erscheint also im Kopf des einzelnen Zuschauers als ein Bündel einzeln ausgewählter und daher einzigartiger Botschaften und Aussagen.

Wie der lebenskluge Praktiker Goethe es sah:

> «Dann wird bald dies, bald jenes aufgeregt:
> Ein jeder sieht, was er ihm Herzen trägt.» [3]

Doch wie wir schon früher postuliert haben, am Ende einer Vorstellung werden die meisten, wenn nicht alle Zuschauer in der Lage sein, sich über den grundlegenden *Inhalt* des Schauspiels, das sie gesehen haben, zu einigen: daß Hamlet befohlen wurde, den Tod seines Vaters zu rächen und im Verlauf getötet wurde, daß der Detektiv den Mörder entdeckte oder daß der charmante Doktor in der Seifenoper tatsächlich ein Herr mit einem goldenen Herzen war.

Dieser Konsens muß notwendigerweise auf der einfachsten, ‹begrifflichen› Ebene der Zeichen beruhen, die von den Zuschauern wahrgenommen wird. Wenn erst die subtileren ‹konnotativen› Aspekte der Zeichen, Zeichensysteme und Zeichenstrukturen ins Spiel kommen, werden Wahrnehmungen und Interpretationen be-

3 Goethe, *Faust*. Vorspiel auf dem Theater, Zeile 178–179.

ginnen zu divergieren: Bedeutet Hamlets schwarzes Kostüm, daß er in Trauer oder eine melancholische Person ist, oder zeigt seine Kleidung, die im Kontrast zum übrigen Hof steht, daß er rebellisch ist und den Lebensstil des Landes ändern will? Dieses sehr vereinfachte Beispiel behandelt nur einen einzigen Gegenstand unter vielen hundert möglichen Wahrnehmungen, die die Reaktion des Zuschauers beeinflussen könnten.

6

Wie viele der Zeichen, die im Verlauf einer Aufführung ausgesendet werden, werden überhaupt wahrgenommen und auf welcher Ebene?

Der Zuschauer einer dramatischen Aufführung nimmt in jedem Augenblick, genau wie wir alle, im täglichen Leben eine fast unendliche Zahl von einzelnen Sinneseindrücken auf. Notgedrungen kann nur ein kleiner Teil dieser Wahrnehmungen seine oder ihre volle Aufmerksamkeit erreichen. Daher muß der Wahrnehmungsprozeß ein ständiges Auswählen und Filtern unter der Vielzahl von Sinneseindrücken sein, denen wir in jedem Moment ausgesetzt sind. In jedem Moment der Aufführung muß die Aufmerksamkeit des Zuschauers auf einen oder zwei Bestandteile unter diesen Hunderten von höchst wichtig wirkenden Sinneseindrücken gerichtet sein.

Unsere Wahrnehmung von Drama wie auch von der Welt ist daher ‹intentional› auf die Einzelheiten gerichtet, die wir für unsere bewußte Wahrnehmung auswählen. Der Rest der visuellen, akustischen, taktilen, Geruchs- und anderen sensorischen Gebiete der Wahrnehmung liegt am Rande unseres Hauptzentrums der Aufmerksamkeit, wird aber trotzdem halb- oder unbewußt wahrgenommen. Menschen, die ein Verbrechen miterlebt haben, können in Hypnose dazu gebracht werden, Dinge zu enthüllen, die sie wahrgenommen und in ihrem Gedächtnis gespeichert haben, ohne sich ihrer bewußt zu sein.

Genauso erreicht ein großer Teil der Zeichen, die im Verlauf der Aufführung eines Stücks oder Films wahrgenommen werden, nie das Bewußtsein, sondern wird genau im Grenzbereich des Wahrnehmungsfeldes oder dahinter absorbiert und bleibt unbewußt. Was nicht heißt, daß solche Wahrnehmungen nicht starke Wirkungen haben. Natürlich könnte man argumentieren, daß solche halbbewußten oder unbewußt wahrgenommenen Eindrücke oft weitaus effektiver darin sind, unsere Reaktion zu beeinflussen, gerade weil sie außerhalb unserer bewußten Wahrnehmung verbleiben. Sie können die Auswahl des einzelnen aus dem einzigartigen Bündel von Botschaften und Aussagen bestimmen, die schließlich seine oder ihre bewußte Wahrnehmung formen.

Es ist klar, daß eine dramatische Aufführung als mimetische Darstellung von ‹wirklichem› Leben diese Sachlage spiegelt, aber auf gesteigerte und, weil kontrolliert und manipulierend, intensivere Art. Es werden immer viel mehr Zeichen gesendet werden, als irgendein einzelner Zuschauer jemals vollständig und bewußt wahrnehmen oder dekodieren könnte. Dennoch verschmelzen alle diese Zeichen unbewußt in den Gesamteindruck, die Stimmung und Atmosphäre, das ‹Gefühl› von einer Szene, einer Figur oder des ganzen Films und Stücks. Ein guter Regisseur oder Bühnen- und Kostümbildner wird sich der Kraft aller unbewußt aufgenommenen Zeichen bewußt sein.

Die kürzeste und prägnanteste aller dramatischen Gattungen, der Werbefilm im Fernsehen, liefert genau aufgrund seiner kurzen Dauer die eindrucksvollste Illustration dieser Sachlage. Ein dreißig Sekunden dauernder Werbefilm enthält vielleicht nur ein paar Worte Dialog und minimale Handlung; aber er ist vollgepackt mit halb wahrgenommenen oder vollkommen unbewußt aufgenommenen Signifikanten: Die körperliche Erscheinung der Figuren, ihre Kleider, die angedeutete, kaum wahrnehmbare Umgebung im Hintergrund, die Stimmungsmusik oder die Erkennungsmelodie und die Farben sind hier alle eindeutig dafür wichtig, die Attraktivität des Produkts, für das geworben wird, zu etablieren. Tatsächlich können Handlung und Dialog, die vom Publikum bewußt wahrgenommen werden, lediglich als Auslöser für den Schwall unbewußt aufzunehmender Botschaften, die der wirklich effektive Bestandteil des Minidramas sind, betrachtet werden. Daß die Frau im Bild ihre Zufriedenheit mit dem Produkt ausdrückt, ist hier weit weniger wichtig, als daß sie glücklich zu sein scheint, hübsch, wohlhabend, geliebt von ihrem Mann und ihrer Familie und zutiefst einverstanden mit ihrem Leben und folglich, implizit vermittelt, daß die Benutzer dieses Produkts für ähnliche Glückseligkeit bestimmt sind. In längeren Formen des Dramas kann die Konzentration solcher unbewußt wahrgenommenen Informationen weniger stark sein, und natürlich muß ein Zuschauer, der mehr Muße hat, über das Szenenbild, die Kostüme und die allgemeine Erscheinung der Figuren nachzudenken, weit mehr solcher Signifikanten wahrnehmen. Andererseits wird die Reflektion, die nachträgliche ‹Nach-Schöpfung› der Geschichte, der Figuren und der ‹Welt› des Dramas in der Vorstellung des Zuschauers, wo sich die endgültige Aussage der Aufführung, des Stücks, des Films manifestiert, weitgehend von der ‹Gestalt› dieser Bestandteile abhängen, die eher aus der Verschmelzung von ‹Eindrücken› entstehen als aus vollkommen bewußt und einzeln wahrgenommenen Details.

Der Kommunikationsprozeß in einer dramatischen Aufführung kann also als kontinuierliche Akkumulation von bewußt oder unbewußt wahrgenommenen Signifikanten gesehen werden, die schrittweise zu komplexeren Strukturen zusammengefügt, gefiltert und verschmolzen werden, aus denen schließlich dichtere, prägnantere und allgemeinere ‹Gestalten› destilliert werden, aus denen schließlich die endgültige, übergreifende Aussage des Dramas hervorgeht. Wir haben es also mit einer ‹Pyramide› der Aussagen zu tun. Ihre Basis bilden die vielen einzelnen Zeichen, ihre Spitze ist der komplexe, aber einheitliche Eindruck davon, ‹worum das Ganze ging›.

Doch dieser allgemeine Eindruck, der aus der Synthese aller einzelnen Signifikanten und Stränge und Strukturen von Signifikanten entsteht, wird wiederum die Grundlage der sich erweiternden Kreise von Interpretationen und Gedankenprozessen, zu denen eine dramatische Aufführung, wenn sie mehr als eine oberflächliche Wirkung auf den einzelnen Zuschauer hat, führen kann, wenn er oder sie darüber nachdenkt.

Damit betreten wir das Gebiet der ‹höheren Bedeutungen› ästhetischer Erfahrungen im allgemeinen – und Drama im besonderen.

XIV

Eine Hierarchie der Aussagen

I

In Becketts *Endspiel* wird der blinde Hamm, der gelähmt in seinem Stuhl sitzt, an einem bestimmten Punkt der Handlung sehr unruhig. «Was ist eigentlich los?» fragt er seinen Diener Clov. Und Clov antwortet: «Irgend etwas geht seinen Gang.» (Dieses Etwas ist tatsächlich der vorherbestimmte Ablauf der Handlung des Stücks, das, einmal begonnen, unbarmherzig durch seine festgelegte und wiederholbare Struktur in Zeit laufen muß.) Aber Hamm ist beunruhigt. Erschrocken fragt er:

> «Wir sind doch nicht im Begriff, etwas zu ... zu ... bedeuten?
> CLOV: Bedeuten? Wir, etwas bedeuten? *(Kurzes Lachen)* Das ist aber gut!
> HAMM: Ich frage mich. *(Pause)* Ich frage mich. *(Pause)* Wenn ein vernunftbegabtes Wesen auf die Erde zurückkehrte und uns lange genug beobachtete, würde es sich dann nicht Gedanken über uns machen? *(Mit der Stimme des vernunftbegabten Wesens.)* Ah, ja, jetzt versteh' ich, was es ist, ja jetzt begreife ich, was sie machen!»

Da Hamm und Clov auf der Bühne sind, *werden* sie natürlich von einer Menge wahrscheinlich vernunftbegabter Wesen beobachtet, die hier verspottet werden, da sie sich unvermeidlich fragen, was das Stück, das sie sehen, bedeutet, und die später vielleicht für lange Zeit weiter über diese Bedeutung nachdenken.

Für Beckett, der Grübeln über den Sinn des Lebens für vollkommen nutzlos hält, ist das das höchste Paradoxon des Dramas: Wenn wir ein Bild des Lebens rahmen, indem wir es auf Bühne, Leinwand oder Bildschirm bringen, ziehen wir unvermeidliche Aufmerksamkeit darauf als auf etwas, das betrachtet und auf seine Bedeutung untersucht werden kann, sogar wenn, wie im Fall von Becketts Stücken, der Autor möglicherweise nur ausdrücken will, daß es keine Bedeutung *hat*.

Denn wenn wir eine dramatische Aufführung als einen Kommunikationsvorgang ansehen, der etwas beinhaltet, das ausgestellt wird, um betrachtet zu werden – also als ‹Botschaft› im weitestmöglichen Sinne, etwas, wovon jemand möchte, daß wir es sehen und wissen, das von seinen Erzeugern an seine Rezipienten transportiert wird in einem Medium, das es ihnen wahrscheinlich übermittelt, in einem ‹Code›, den sie wahrscheinlich dekodieren können –, dann werden die Rezipienten in dem, was sie als ihnen übermittelt, damit sie es ‹aufnehmen›, betrachten müssen, unausweichlich nach der ‹Aussage› der ‹Botschaft› suchen.

Das trifft zu, obwohl Drama, wie wir gesehen haben, kaum jemals auf eine klar umrissene persönliche Stellungnahme eines einzelnen Erzeugers zurückgeführt werden kann, der die genaue Aussage jedes in der ausgesandten Botschaft enthaltenen Bestandteils und jedes Zeichens völlig in der Hand hat. Als im wesentlichen kollektive Schöpfungen unterscheiden sich die dramatischen Künste von solchen, bei denen die bewußte Absicht eines einzelnen Erzeugers tatsächlich vorausgesetzt werden kann.

Doch sogar in solchen Kunstformen messen heutige kritische Haltungen der Absicht des Autors nicht übermäßige Bedeutung bei. Zum Beispiel könnte diese bewußte Absicht tieferliegende unterbewußte Motivationen haben; außerdem muß eine Vielzahl von unausgesprochenen Voraussetzungen und technischen wie inhaltlichen Traditionen, deren sich der Autor durchaus nicht bewußt gewesen sein muß, in die Schöpfung des betreffenden Kunstwerkes eingegangen sein – Bestandteile, die sich aus Konventionen ableiten, die für selbstverständlich genommen werden, Regeln, die nicht hinterfragt werden. Daher können es durchaus die Sprache, die technischen Traditionen, die bisherigen formalen Regeln der Kunstform und nicht der einzelne Autor sein, von denen die Stellungnahme kommt.

In jedem Fall werden das Gedicht, das Gemälde, die Skulptur, wenn sie erst einmal fertiggestellt sind, zum autonomen Artefakt, das jeder Interpretation offensteht, die ein Leser oder Betrachter ihm entgegenbringt. Sobald es die Hände seines Erzeugers verlassen hat, ist jedes Kunstwerk ‹einfach da›, hat, wie Heidegger es ausdrücken würde, das ‹Dasein› betreten und hat unabhängiges Sein erreicht, um genau wie jedes andere Naturphänomen, ein Baum oder ein Sonnenuntergang, auf die eine oder andere Art wahrgenommen und ‹gelesen› zu werden.

Im Fall der ‹darstellenden Künste›, Musik und Drama, ist die Situation sogar noch komplexer. Insofern als ein Stück oder ein Musikstück einen einzelnen ‹Autor› oder ‹Komponisten› hat, ist das fertiggestellte Manuskript oder die Partitur zu einem solchen primär Seienden geworden, ‹da›, um gelesen und interpretiert zu werden. Wenn es das Stadium der Aufführung erreicht, macht diese primäre ‹Vorgabe› jedoch den Prozeß des Interpretiertwerdens durch andere durch, die, indem sie eine Aufführung, eine Aufnahme oder einen Film produzieren, ein zweites Artefakt schaffen, ein neues und unabhängiges Seiendes, das wiederum etwas sein wird, das ‹einfach da› ist, um wiederum jeder weiteren Interpretation oder Lesart seines Publikums offenzustehen.

In einer dramatischen Aufführung auf der Bühne, der Leinwand oder dem Bildschirm, wo bewußte und unterbewußte Absichten so vieler kreativer einzelner miteinander verschmolzen sind, wird dieses zweite Artefakt weiter entfernt von der ursprünglichen Absicht des Autors sein als, sagen wir, in einer musikalischen Aufführung, wo durch die größere Präzision der musikalischen Notation die Partitur den Takt, den Rhythmus und die Klangfarbe des Beitrags jedes Ausübenden viel exakter vorschreibt. (Und doch unterscheiden sich auch in der Musik aufgrund ihrer künstlerischen Leistung und Originalität Aufführungen großer, angesehener Dirigenten und Solisten voneinander.)

Die große Komplexität und das Fließende der Interaktionen verschiedener Stränge kreativer Beiträge im Drama unterstreicht tatsächlich nur sein mimetisches, darstellendes Wesen. Drama ist Mimesis des Lebens. Und das Leben selbst, die Interaktion von Menschen in ihrer sozialen und normalen Umgebung, ist schließlich das Produkt einer unbegrenzten Zahl einzelner Umstände, Vorkommnisse und Absichten; also ist es nur folgerichtig, daß seine mimetische Darstellung diese Zustände wiedergibt.

Trotzdem verschmilzt diese Vielzahl von Absichten in einer dramatischen Aufführung in eine einfacher zu begreifende, verständlicher geordnete und komprimiertere Form. Was auf den ersten Blick wie das Abbild der amorphen ‹Wirklichkeit› des Lebens, der Gesellschaft, der ‹Welt› erscheinen mag, offenbart sich als etwas, das die zugrundeliegenden Muster der Kräfte, die es formen, sichtbar macht, das Gesetz in seinen Rhythmen von Geburt und Tod, Begegnungen und Abschieden, steigenden und fallenden Lebenslinien.

Um ihr Publikum zu gewinnen, um seine Aufmerksamkeit zu fesseln, um ihre Sicht von der Welt auszudrücken, müssen die Urheber einer dramatischen Aufführung natürlich eine Vorstellung gehabt haben, was sie ausdrücken, zeigen, demonstrieren wollten: eine Geschichte zu erzählen, eine Idee zu verkörpern. Die einzelnen Zeichen, die von den verschiedenen an ihrer Schöpfung Beteiligten ausgesandt werden, sind möglicherweise nicht vollkommen aufeinander abgestimmt; aber in den meisten Fällen arbeiten sie innerhalb einer gemeinsamen, verabredeten Struktur von kulturell gestützter Konvention und einem Konsens seitens der Erzeuger der Aufführung, über die Bedeutung der eingesetzten Zeichen und die grundlegende Aussage der jeweiligen Arbeit, mit der sie beschäftigt sind.

Aus dem annähernden Konsens der kreativen Gruppe wird sich, wenn sie kompetent ist, wenigstens unter der Mehrheit ihres Publikums ein Konsens ergeben, zumindest was die grundlegenden Bestandteile der Handlung angeht, der es zugesehen hat. Es wird darin übereinstimmen, daß der Held sein Mädchen bekam, daß der Schurke besiegt wurde, daß der Mörder gefangen wurde etc.

Doch diese skelettartige Struktur der grundlegenden Fakten der dramatischen Fabel stellt noch nicht annähernd eine vollständige *Aussage* der Aufführung dar. Auf dieser Grundlage wird für jeden einzelnen Zuschauer eine Hierarchie möglicher Interpretationen, Reflektionen, Einsichten hervorgehen, die sich schließlich für ihn oder sie zu etwas verbinden, was in seiner oder ihrer Erinnerung als zusammengefaßte, eingefangene Substanz dessen zurückbleiben wird, ‹um was die Aufführung ging›, was sie zu erzählen versuchte, was sie ‹aussagte›.

Dennoch kann man fragen: Muß eine dramatische Aufführung, die in den meisten Fällen von ihren Erzeugern aus Profitgründen produziert und von ihren Rezipienten lediglich als eine Art, die Zeit zu verbringen, konsumiert wird, notwendigerweise eine ‹höhere› Bedeutung oder einen moralischen Inhalt haben? Brecht nannte Drama als bloßen Zeitvertreib ‹kulinarisch›, das heißt: vergleichbar mit Nahrung, die konsumiert wird und den Körper passiert, um am anderen Ende ausgeschieden zu werden oder, um es eleganter auszudrücken: Es geht ‹zu einem Ohr rein und zum anderen wieder raus›.

Wenn man darüber nachdenkt, kann man einwenden, daß Brechts Analogie uns im Grunde genau das Gegenteil erzählt: Einiges von der Nahrung, die wir essen, passiert unseren Organismus auf dem kürzesten Weg, aber einiges davon wird aufgenommen, nährt und baut ihn schließlich sogar auf: wie in dem treffenden Wortspiel: «Der Mensch ist, was er ißt.» Und genau in dieser Hinsicht ist die Analogie zum Kulinarischen sehr passend: Selbst wenn über die Tatsache hinaus, daß die Aufführung geholfen hat, die Zeit angenehm zu verbringen, keine Botschaft oder Aussage wahrgenommen wird, bleibt ein Rest von unbewußten und unterbewußten Aussagen und Botschaften. Jedes Stück, jeder Film, jede Seifenoper oder ‹situation comedy›, wie flach sie auch sind, porträtiert und etabliert implizit Muster kultureller Werte (eine glückliche Liebesgeschichte endet mit der Heirat; Verbrechen zahlen sich nicht aus; wie begegnet ein starker Mann der Not? Wie kleidet sich eine schöne Frau?), und so nährt Drama unterbewußt gehegte Vorstellungen, die den gesellschaftlichen Sittenkodex und die Verhaltensmuster, die impliziten Standards und Rollenmodelle der Gesellschaft prägen. Je weniger bewußt diese Botschaften wahrgenommen werden, desto stärker – weil nicht hinterfragt – ist die Wirkung der Wertsysteme, die sie darstellen. In diesem Sinne und auf dieser Ebene ist alles Drama ein Übermittler ideologischer und politischer Botschaften, ob es nun die Werte seiner Gesellschaft offen in Frage stellt oder, was weit häufiger der Fall ist, besonders im Film und im Fernsehen, sie stillschweigend akzeptiert und dazu dient, sie zu untermauern.

Indem wir eine Hierarchie der Aussagen, die Drama übermitteln kann, errichten, müssen wir uns nicht nur der komplexen Schichten von Aussagen dieser einzelnen Werke bewußt sein, die einzigartig und wichtig genug sind, um mehr oder weniger profunde Botschaften zu transportieren, sondern auch der *Gesamt*wirkung der Botschaften, die durch die impliziten Voraussetzungen, die Drama in seiner langen Geschichte mitführt, transportiert werden, ob sie nun Religion, Moral, Politik oder nur das Verhalten betreffen.

Die immense Menge dramatischen Materials, das in unserer Zeit täglich von der Bevölkerung der Länder, die den Sättigungspunkt in der Versorgung mit Film- oder Fernsehdrama erreicht haben, konsumiert wird, hat sicherlich solch einen Effekt, indem es die Wertsysteme und das Verhalten der zeitgenössischen Gesellschaft formt.

Es kann kein Zweifel daran bestehen, daß zum Beispiel Fernsehserien und ‹Seifenopern› zu den einflußreichsten Lieferanten sozialer Werte und Philosophien, der Ziele und der höchsten ‹Bedeutung› der Existenz für die große Masse der Bevölkerung geworden sind. Das trifft sogar noch mehr auf die verbreitetste Form von Drama in der westlichen Gesellschaft zu: den Werbespot im Fernsehen.

In seiner konzentrierten und zusammenfassenden Form zeigt der Werbespot im Fernsehen in dreißig Sekunden viele der komplexen Merkmale der Hierarchie von Aussagen im Drama. Auf der niedrigsten Stufe produziert er sehr effizient einen Konsens im Publikum darüber, was geschieht (d. h. die Bekehrung des Protagonisten zum Gebrauch des Kaffees, Deodorants oder Waschmittels, für das geworben wird). Er erklärt deutlich seine unmittelbare, bewußt aufgenommene Botschaft: Benutzen Sie Marke X! Aber er arbeitet auch auf der Ebene der Verstärkung eines bestehenden Wertsystems: Das Erscheinungsbild der porträtierten Menschen ist daraufhin kalkuliert, ‹Idealtypen› zu schildern. Die kurz gestreifte, aber unbewußt wahrgenommene Umgebung, in der sie gezeigt werden, verstärkt über viele solcher Werbespots das Modell des idealen Heims, seiner Möbel, des Geschmacks und des Lebensstils, für den sie steht.

Die immense Zahl solcher Werbespots, die der durchschnittliche Zuschauer absorbiert, muß zwangsläufig zu einem wirkungsvollen Bild der gesellschaftlichen Werte zusammenwachsen. Dieses Bild ist natürlich offen für weit auseinanderliegende Interpretationen. Während einige Zuschauer, wahrscheinlich eine Minderheit, das Gesamtbild der Gesellschaft als Ausdruck eines von harten Geschäften, Gier und Vorurteilen über die alltäglichsten Aspekte menschlicher Existenz geprägten Ethos wahrnehmen mögen, wird die überwiegende Mehrheit dieses unbewußt eingeprägte Bild bedingungslos akzeptieren als nicht in Frage zu stellende Tatsachen des Lebens wie auch als erstrebenswertes Modell. Ob diese scheinbar trivialen Minidramen ein vorbehaltlos positives oder bewußt analysiert negatives Bild der Gesellschaft und ihrer Werte bilden, in jedem Fall tragen sie auf lange Sicht eine wirkungsvolle Botschaft und können als einflußreiche kulturelle und politische Kraft gesehen werden.

Dieses Beispiel, das hier ohne jede polemische Absicht lediglich deshalb erwähnt wird, weil es das einfachste Paradigma einer meist viel komplexeren Sachlage ist, kann illustrieren, wie Drama als Abbild von Leben und Gesellschaft, wie Hamlet sagt, «der Natur gleichsam den Spiegel» vorhält. Drama produziert auf einer Vielzahl von Ebenen Aussage: durch die ‹Botschaft› oder ‹Moral› einer einzigen Aufführung eines Stücks, Films oder Fernsehprogramms; wie auch insgesamt durch die unbewußt absorbierten, stillschweigenden, nicht hinterfragten Vorstellungen, die aus der Summe vieler dramatischer Aufführungen entstanden sind und das Verhalten des einzelnen, seine Ansichten über Gesellschaft, menschliche Interaktion und den höchsten Ethos einer bestimmten Periode geformt haben; oder eben im wirklich bedeutenden Drama durch die profunden intellektuellen und gesellschaftlichen Einsichten, die solch ein großes Kunstwerk erschließen kann.

3

Es ist die Vielfalt der Zeichensysteme, zusammengefügt aus den Beiträgen so vieler verschiedener Künstler und Techniker, die aufgeführtes Drama befähigt, seine umfassende Mimesis der ‹Wirklichkeit› zu produzieren. Denn der Zuschauer *muß*, wenn er mit Drama konfrontiert ist, mehr als bei irgendeiner anderen Kunstform sich selbst einen Vers darauf machen, was ihm gezeigt wird. In der erzählenden Prosa neigt der Autor zumeist dazu, seinen eigenen Kommentar und die Bewertung der geschilderten Ereignisse zu liefern. Und Malerei oder Skulptur, wie abstrakt sie auch sind, stellen uns das vor Augen, was offenkundig die persönliche Sicht des Künstlers von der Welt ist.

Drama, diese heterogene, uneinheitliche Kunstform mit ihrer Mischung aus Konkretem und Erfundenem, Kunst und Wirklichkeit, ist wie die Natur in ihrer Unbestimmtheit, in ihrer wirklich oder scheinbar wertfreien Darstellung von Figuren und Ereignissen.

Der Autor, der Regisseur und alle anderen Künstler, die zu der Aufführung beitragen, haben auf ihr Recht verzichtet, ihre eigene Meinung auszudrücken. Indem sie mimetisch die Unbestimmtheit der wirklichen Welt neu erschaffen haben, haben sie Situationen, Figuren, Bilder gestaltet, die einer Vielzahl verschiedener, sogar widersprüchlicher Interpretationen offenstehen.

Da nichts, was eine Figur im Drama sagt, als die Meinung des Autors (oder des Regisseurs oder Schauspielers) genommen werden kann, sondern immer ausschließlich die Ansicht dieser speziellen Figur bleiben muß, kann der Standpunkt des Autors (oder des Regisseurs), falls solch ein Ausdruck eines moralischen oder politischen Standpunktes tatsächlich bewußt beabsichtigt war, schließlich nur als das Ergebnis des dialektischen Wechselspiels zwischen allen Ereignissen, Handlungen und Meinungen erscheinen, die in der Aufführung gezeigt werden. Vielmehr sollte er sich aus der bloßen Polyphonie ihrer Konflikte ergeben. Und genau wie im wirklichen Leben jeder von uns zu seiner eigenen Beurteilung der Ereignisse kommen muß, ist der Zuschauer von Drama gezwungen, aus dem, was er im Verlauf der Aufführung wahrgenommen hat, sein eigenes Werturteil abzuleiten, seine eigene Auffassung davon, was sie letztlich ‹aussagt›.

Was nicht heißen soll, daß die Schöpfer des dramatischen Ereignisses keine Meinung darüber gehabt haben, was die Aufführung aussagen sollte, daß sie nicht entschlossen ihr Bestes getan haben, um das Urteil des Zuschauers in Richtung dieser Aussage zu lenken und zu beeinflussen. Hierin werden die besten und fähigsten Praktiker einen gewissen Erfolg erzielen, und zwar um so mehr, je tiefer sie sich der Kompliziertheit ihres Vorhabens bewußt sind.

Das Zusammenwachsen der Absichten aller an der Aufführung Beteiligten produziert das dramatische Ereignis, das wiederum in einem Konsens wenigstens der überwiegenden Mehrheit der Zuschauer darüber enden sollte, was im wesentlichen ‹passierte›. Dieser unwillkürlich übereinstimmende Inhalt der Handlung muß dann auch die Grundlage für die persönliche Interpretation des Zuschauers werden, was die Aufführung für ihn und nur für ihn allein ‹ausgesagt› hat.

Dieser Prozeß beginnt während der Aufführung, kann und wird aber häufig über beträchtliche Zeiträume hinweg fortgesetzt werden, während deren die Eindrücke, die sich bei der Aufführung bewußt geformt haben, und die unterschwelligen oder vollkommen unbewußten Wahrnehmungen, Stimmungen, Atmosphären, instinktiven Vorlieben und Abneigungen, die sie hervorgerufen hat, nach und nach verschmelzen und sich entwickeln, bis sich am Ende die Erinnerung des Erlebnisses in ein bleibendes Bild verfestigt. Dieser Eindruck wird Teil des Erfahrungsschatzes des einzelnen, der seine oder ihre eigene innere Welt ausmacht und zu seiner oder ihrer sich herausbildenden Identität beiträgt.

Doch dieses herausdestillierte Bild und die bleibende Erinnerung eines dramatischen Ereignisses sind keinesfalls eindimensional; sie können auf einer Vielzahl verschiedener Ebenen gleichzeitig gegenwärtig und aktiv sein.

4

Von dieser ‹Hierarchie› der Aussagen spricht Dante in einer berühmten Formulierung von bleibender Gültigkeit in der zehnten seiner *Epistolae*, seinem Brief an Can Grande della Scala, in dem er seine *Göttliche Komödie* dem Herrscher von Venedig, der ihm in seinem Exil Schutz gegeben hatte, widmete und erklärte, wie er sein Gedicht gelesen haben wollte.

Dante weist hier darauf hin, daß die Aussage seines Werkes nicht einfach ist: «quod istius operis non est simplex sensus, immo dici potest *polyseum*, hoc est plurium sensuum; nam alius sensus est qui hebetur per literam, alius est qui habetur per significata per literam» (*Epistola* X,7). (Daß die Aussage dieses Werkes nicht einfach ist, sondern vieldeutig. Denn es gibt einen Unterschied zwischen dem wörtlichen Sinn einerseits und den Aussagen, auf die durch den wörtlichen Sinn hingewiesen wird andererseits.)

Neben der wörtlichen, eigentlichen Bedeutung unterscheidet Dante einen ‹allegorischen› oder ‹mystischen›, einen ‹moralischen› und einen ‹analogen› Sinn in seinem Text.

Er erläutert, was er meint, indem er zeigt, daß die biblische Geschichte der Flucht der Israeliten nach Ägypten ‹eigentlich› als historische Tatsache gesehen werden kann, ‹allegorisch› als ein Bild der Errettung der Menschheit durch Christus, ‹moralisch› als ein Bild des Übergangs der Seele aus einem Zustand der Sünde in einen Zustand der Gnade und ‹analog› als der sichere Eingang der Seele in die ewige Herrlichkeit.

Diese ‹analoge› Aussage, die Dante an anderer Stelle (in der *Convivio*) «sovraseno» – höchster Sinn – nennt, ist die letzte spirituelle Aussage, die der Leser aus den Schriften beziehen kann. In unserem Kontext ist es die höchste Form spiritueller oder intellektueller Einsicht, die der Zuschauer einer dramatischen Aufführung erfahren kann.

Doch bevor diese höchste aller Aussageebenen erreicht ist, sind andere ‹höhere› Aussagen enthalten und durch Interpretation im ‹Text› oder der ‹Textur› der Aufführung zu entdecken (wie in jeder anderen Erfahrung, literarische, künstlerische oder eben ‹wirkliche›): die allegorische und die moralische.

Für ‹allegorisch› müssen wir heute vermutlich Ausdrücke wie metaphorisch oder symbolisch benutzen, für ‹moralisch› könnten wir auch politisch setzen, ideologisch oder gesellschaftlich. Es kann kein Zweifel daran bestehen, daß jede dramatische Aufführung Aussagen auf all diesen Ebenen enthält und hervorbringt.

5

Metapher und Symbolik sind im eigentlichen Wesen und Stoff von Drama enthalten. Die Bühne oder das gerahmte Fenster der Leinwand oder des Bildschirms sind Metaphern für die Welt: «Bretter, die die Welt bedeuten», wie Schiller es nennt, während Shakespeare meint, daß die Welt selbst als Metapher für die Bühne gesehen werden kann. Die Bühne oder die Leinwand oder der Bildschirm als Ort, wo bedeutungsvolle Dinge ausgestellt werden, erhebt die prosaischsten Gegenstände und Ereignisse zu exemplarischem Status, macht sie über ihr bloßes einzelnes Sein hinaus bedeutend: Sie werden Zeichen für eine Vielzahl gleicher Gegenstände und Ereignisse: Romeo, das Musterbeispiel aller Verliebten auf den ersten Blick, Gregers Werle, das aller zerstörerischen Wahrheitsfanatiker, Fräulein Julie, das aller verwöhnten und ruhelosen jungen Frauen. Folglich erinnern jeder Gegenstand, jede Geste potentiell an ihre mögliche metaphorische und symbolische Aussage, weit über ihre eigentliche, wörtliche oder faktische Funktion in der Aufführung hinaus.

Um ein einfaches Beispiel zu zitieren: In Tschechows *Onkel Wanja* gibt es laut Bühnenanweisung in Wanjas Arbeitszimmer, wo er die Büroarbeiten für das Gut erledigt, an der Wand eine Karte von Afrika. Diese Karte, auf die im Dialog kaum angespielt wird, hat nun auf der *eigentlichen* Ebene eine gewichtige Bedeutungsfunktion. Sie sagt uns, daß Wanja nicht viel Aufmerksamkeit darauf verwendet, wie sein Büro eingerichtet ist: In dem Büro eines Gutes könnten sehr viel brauchbarere Hilfsmittel an der Wand hängen – zum Beispiel Ertragstabellen. Die Karte ist also ein wirkungsvolles Zeichen, das zur Beschreibung von Wanjas *Charakter* beiträgt. Die Tatsache, daß es eine Schullandkarte ist, legt außerdem nahe, daß dieser Raum früher als Schulraum des Gutes genutzt wurde, wo Wanja und seine nun tote Schwester ihren Unterricht in Geographie und anderen Fächern erhielten. Sie erzählt uns also eine ganze Menge über die *Familiengeschichte*.

Doch auf der metaphorischen Ebene wird diese Karte zu einem Zeichen für die Absurdität von Wanjas Existenz, die Widersinnigkeit des Lebens.

Auf der faktischen Ebene – eine Karte von Afrika. Auf der Charakterebene ein Hinweis auf Wanjas Lethargie oder Trägheit, auf der inhaltlichen Ebene ein Bestandteil der Familiengeschichte, auf der metaphorischen Ebene ein Symbol für die Sinnlosigkeit der menschlichen Existenz – alles in einem einzigen Bühnenrequisit. Ob all das vom einzelnen Zuschauer wahrgenommen wird, hängt natürlich von seiner oder ihrer Stimmung und Aufnahmefähigkeit ab.

Die metaphorische (Dantes ‹allegorische›) Ebene erhebt also einzelne Fakten zu allgemeinen und zu verallgemeinernden Wahrnehmungen über das Wesen der Welt, des Lebens und das menschliche Schicksal und kann tiefe Einsichten erzeugen.

Auch hier spiegelt Drama natürlich lediglich die wirkliche Welt: Wenn ich in dieser wirklichen Welt zum Beispiel einen anderen Menschen zum erstenmal treffe, dann habe ich auf der Grundlage der ihm eigenen Zeichen – Auftreten, Kleider, Rede, Verhalten – zu entscheiden, ob ihm zu trauen ist, ob er verläßlich, freundlich oder bedrohlich ist, genauso wie der Zuschauer der dramatischen Aufführung Kostüm, Rede, Verhalten und Auftreten einer der Figuren dekodieren wird. Aber ich kann einen Menschen, den ich sehe, auch als repräsentativ für eine ganze Klasse von Menschen ansehen, als Metapher für sie oder sogar für einen abstrakten Begriff: Der Betrunkene vor der Herberge der Heilsarmee in dem Beispiel, das Peirce und Eco benutzen, steht für alle Betrunkenen; ein alter Mann, den ich auf der Straße treffe, kann in meinen Augen zum Symbol für ‹Alter› werden; der Postbote, der ein Telegramm ausliefert, kann zum ‹Todesengel› werden, wenn er die Nachricht vom Ableben eines teuren Freundes bringt; ein Sonnenuntergang zur Andeutung der Sterblichkeit. Jeder Gegenstand in der wirklichen Welt kann also potentiell als Symbol, als Metapher wahrgenommen werden. Im Bedeutungsrahmen des Dramas, im geordneten, kontrollierten und manipulierten Werk wird diese Tendenz des ‹Wirklichen›, sich ins ‹Metaphorische› zu wandeln, sogar noch mehr betont.

Es hat Phasen in der Geschichte des Dramas gegeben, in denen solche metaphorischen – und wirklich allegorischen – Bestandteile im Zentrum des eigentlichen Stils der Inszenierung standen: in den ‹Moralitäten› des Mittelalters oder den allegorischen Masken der

Renaissance. Doch selbst im realistischen Drama unserer Zeit – und im noch realistischeren Film – transformiert diese Doppelnatur der wirklichen Welt sogar die alltäglichsten Gegenstände in Metaphern und Symbole, einfach deshalb, weil solche Gegenstände oder Figuren eine Vielzahl von Aussagen in sich vereinigen.

Als gerahmtes Instrument zum Zeigen bedeutungsvoller Ereignisse verstärken Bühne, Leinwand und Bildschirm diese Tendenz von Menschen, Gegenständen und Vorgängen in der wirklichen Welt, die Qualität von Metaphern anzunehmen; sie werden selbst zur Metapher für die Welt: «Die ganze Welt ist eine Bühne.»

Shakespeare nutzte diese metaphorische Natur der Bühne auf geschickteste Weise. Wenn Macbeth das kurze Leben der Menschen auf der Erde mit einem wandelnden Schattenbild vergleicht «...Ein armer Komödiant, der spreizt und knirscht / Sein Stündchen auf der Bühn' und dann nicht mehr / Vernommen wird;...», dann wird die Metapher nicht nur festgestellt, sondern von dem Schauspieler verkörpert, der sie spricht und selbst ein armer Komödiant ist, der vergessen werden wird. Er selbst wird die Metapher.

In einem Stück eines anderen, zu Unrecht unterschätzten elisabethanischen Dramatikers, in John Marstons *Antonio's Revenge*, gibt es eine Figur, Pandulpho, einen alten Mann, der im Verlauf der ersten Akte des Stücks darauf bestanden hat, er sei Stoiker, und daher könne Unglück ihn nicht berühren.

Doch als sein Sohn umgebracht wird, bricht er, nachdem er zunächst versucht hat, ungerührt zu erscheinen, plötzlich unter Tränen zusammen. Angegriffen, er als stoischer Philosoph dürfe nicht solchen Gefühlsregungen unterworfen sein, gesteht er:

> «Man will break out, despite philosophy.
> Why, all this while I ha' but played a part,
> Like to some boy who acts a tragedy
> speaks burly words and raves out passion;
> But when he thinks upon his infant weakness,
> he droops his eye. I spake more than a god,
> Yet am less than a man.» (IV,2) *

---

* Der Mensch bricht durch, trotz Philosophie. / Ach, ich habe doch nur eine Rolle gespielt / wie ein Junge, der Tragödie spielt / starke Worte spricht und in Leidenschaft rast / doch der, wenn er an seine kindliche Schwäche denkt, / die

Daß wir alle wie Jungen sind, die klassische Helden spielen, ist eine bewegende poetische Metapher; aber wenn man die Geschichte von Marstons Stück betrachtet und realisiert, daß es geschrieben wurde, um von den Kindern von St. Paul gespielt zu werden, entdeckt man, daß Marston eine viel subtilere Art von Metapher benutzte: Der alte Mann, der über sich selber als Kinderschauspieler, der einen Philosophen spielt, spricht, *war* tatsächlich ein Kind. Hier benutzte der Schauspieler nicht nur die poetische Metapher der Worte des Textes, er war diese poetische Metapher, verkörpert von einem Kind, das einen alten Mann spielt und zu der grundlegenden Einsicht kommt, daß wir in unseren Versuchen, unser Schicksal in der Hand zu behalten, im Grunde alle wie Kinderschauspieler sind, die vorgeben, nicht nur erwachsen, sondern auch weise alte Philosophen zu sein.

Aus diesem Grund wird die Spannung zwischen dem wirklichen Schauspieler und der Rolle, die er spielt, zu einer kraftvollen Quelle metaphorischer Aussage im Drama.

Metaphorische Untertöne und Aussagen sind zwangsläufig in allem Drama gegenwärtig, sogar im scheinbar höchst trivialen. Als ich nach der russischen Invasion die Tschechoslowakei besuchte, sprach einer der führenden tschechischen Theaterleute mit mir über die Schwierigkeiten, die sie hatten, nicht wegen antirussischer Äußerungen geschlossen zu werden. Wenn sie tschechische Klassiker machten, war das allein schon eine Erklärung ihres Willens zur Unabhängigkeit, wenn sie westliche Stücke machten genauso. Also dachten sie, das sicherste sei ein Schwank. Doch in einer der klischierten Szenen des Schwanks, als der Ehemann den Schrank öffnete und den Liebhaber dort versteckt fand, da löste der Satz: «Sie haben in meinem Schrank nichts zu suchen» stürmischen Beifall aus. Die Situation war in den Augen des Publikums eine starke Metapher für die Situation ihres Landes.

Augen niederschlägt. Ich sprach mehr als ein Gott / und bin doch weniger als ein Mensch (dt. von C. S.).

6

Das eröffnet die nächste Ebene in der Hierarchie der Aussagen, die, die Dante als ‹moralische› bezeichnet, was heute die gesellschaftlichen, politischen oder ideologischen Bedeutungen und Untertöne des Dramas einschließen würde. Und wie die Anekdote aus der Tschechoslowakei zeigt, kann diese Aussage vollkommen unabhängig von den Absichten des ursprünglichen Autors oder wie in diesem besonderen Fall von denen der Darsteller sein.

Die ‹Aussage› oder eben die Vielzahl von Aussagen, die vom einzelnen Zuschauer der dramatischen Handlung gleichzeitig wahrgenommen oder unterschwellig aufgenommen werden, werden immer das Produkt der Interaktion zwischen dem Inhalt der Zeichen, die sie aussendet einerseits, und der Kompetenz des Zuschauers, sie zu dekodieren, andererseits sein und notwendigerweise immer im Kontext seiner oder ihrer persönlichen Situation sowie der sozialen und historischen Umstände, in denen er oder sie sich befindet, zu sehen sein. Die gleiche dramatische Aufführung kann für einen jungen Menschen etwas Bestimmtes bedeuten und etwas anderes für einen alten; ihre ‹Moral›, das heißt gesellschaftliche, ideologische oder politische Aussage, wird stark vom sozialen und historischen Kontext, in dem die Aufführung stattfindet, abhängen.

Eine Aufführung von *König Heinrich V.* berührte ein englisches Publikum während des Zweiten Weltkriegs, als das Land kampfbereit und in tödlicher Gefahr war (man denke an Oliviers Film!), ganz anders als heute in einer Welt, die überwiegend antimilitaristisch geworden ist und in der die martialische Rhetorik ganz anders klingt.

Jedes Drama hat politische Implikationen, einfach deshalb, weil Drama sich mit menschlicher Interaktion beschäftigt, was notwendigerweise gesellschaftliche und daher politische Aspekte haben muß.

In einem Stück wie *Warten auf Godot*, das seinerzeit in Frankreich häufig angegriffen wurde, weil es unpolitisch sei (und daher implizit eine Haltung der politischen Tatenlosigkeit, die den Status quo aufrechterhalte und folglich eine ‹reaktionäre› politische Überzeugung befürworte), wurden ‹revolutionäre› Andeutungen vermutet, als es in Algerien für Bauern ohne Land gespielt wurde, die das Ereignis, auf das vergeblich gewartet wird, als Metapher für die versprochene, aber nie erfüllte Landreform interpretierten; in Polen wurde das gleiche glühend erwartete, aber nie stattfindende Ereignis als Befreiung von den Russen gesehen. Jeder unterschiedliche Kontext produzierte unterschiedliche politische und nun entschieden subversive Implikationen.

Je weiter die Zeit des Autors zurückliegt, desto weniger relevant werden seine ursprünglichen Absichten, desto unterschiedlicher wird die ‹Botschaft› werden, das, was Dante die ‹moralische› Aussage des Textes nennt.

Folglich muß ein dramatischer Text notgedrungen vielwertig sein, synchronisch, indem er in jedem Moment verschiedene Dinge für verschiedene Menschen bedeutet, und diachronisch im Lauf der Zeit. Zu einer bestimmten Zeit und in einer bestimmten Gesellschaft kann Othello als schuldig betrachtet worden sein, weil er über die Rassenschranken hinweg heiratete und so ein moralisches Gesetz verletzte; zu einer anderen Zeit und an einem anderen Ort könnte er als das unschuldige Opfer bösartiger Manipulation gesehen worden sein und dann wieder als eifersüchtiger, sexistischer Dummkopf. Und während in ihrer eigenen Zeit und an ihrem eigenen Ort diese Ansichten aufgrund der politischen und gesellschaftlichen Situation im großen und ganzen wahrscheinlich geteilt wurden, können einzelne im Publikum vollkommen andere Aussagen aus den Ereignissen und Figuren in Shakespeares Drama gezogen haben.

Während der Nazizeit in Deutschland wurde ein Stück wie *Der Kaufmann von Venedig* als ekelhaftes antisemitisches Traktat aufgeführt. Das gleiche Stück könnte heute die tiefe Menschlichkeit der Juden feiern, die nur durch ihr Leiden unter unhaltbarer Unterdrückung und Provokation zu böser Rache gedrängt werden. Es ist uns unmöglich zu sagen, was Shakespeare und seine Truppe mit dem Stück erzählen wollten, und für ein heutiges Publikum kann das auch nicht von Bedeutung sein.

König Ödipus von Sophokles wurde für ein Athener Publikum geschrieben, das nicht nur mit dem Mythos, den das Stück erzählte, vertraut war, sondern auch tief durchdrungen von den religiösen

Nebenbedeutungen solcher Begriffe wie Schicksal, der Wille der Götter, die Wahrheit von Orakeln etc. Das gleiche Stück übt auf heutige Zuschauer immer noch eine starke Wirkung aus, aber für viele der ursprünglichen Anspielungen sind sie natürlich nicht mehr empfänglich. Andererseits wird heute fast jeder in einem westlichen Publikum den freudschen Begriff vom Ödipuskomplex kennen, die Zuschauer werden das Stück hauptsächlich als Interpretation dieses Begriffs sehen, was der Autor Sophokles absolut nicht wissen konnte. Wir können über den Grund spekulieren, warum Sophokles etwas ausdrückt, was erst zweitausend Jahre nach ihm formuliert wurde: Wir können sagen, daß in seinem Unterbewußtsein die Furcht vor dem Inzest vorhanden war wie, wenn Freud zu glauben ist, in allen Menschen, die Eltern haben. Oder wir könnten sagen, daß der Mythos von Ödipus selbst schon diesen Archetypus eines kollektiven menschlichen Unterbewußten enthielt. Doch letztlich sind alle diese Überlegungen irrelevant. Heute bedeutet *dieser* Text *das* für *uns*. Für künftige Generationen wird er möglicherweise etwas vollkommen anderes und für uns bis jetzt Undenkbares bedeuten.

Mehr als jede andere Kunst spiegelt Drama das Leben; und im wirklichen Leben können wir auch nicht sagen, was die endgültige Aussage von jedem Ereignis oder jeder Erfahrung, die wir machen, ist oder war. Eine Erfahrung, die heute trivial zu sein scheint, sagen wir die eines Mädchens, das beiläufig einem jungen Mann vorgestellt wird, kann sich als entscheidender und glücklicher Moment in ihrem Leben herausstellen, weil er später ihr Ehemann wurde. Und ein paar Jahre weiter, wenn sie sich getrennt haben, wird die Aussage des gleichen Vorfalls sich in die eines Unglücks verwandelt haben.

Der große Vorteil von Bühnendrama gegenüber dramatischen Medien, die Text und Aufführung total verschmelzen – Film und aufgezeichnetes Fernsehdrama –, liegt genau in der Tatsache, daß jede Aufführung der besonderen kulturellen, sozialen, historischen, geographischen Situation seines Publikums Rechnung tragen und den grundlegenden Inhalt des Stücks diesen wechselnden Umständen anpassen kann.

Im Live-Theater ist der geschriebene Teil des Stücks natürlich nur ein kleiner Teil vom gesamten ‹Text› oder ‹Kontext› der Aufführung; der Regisseur, der Bühnenbildner, der Kostümbildner, der Lichtgestalter, der Musiker, der Choreograph und die Schauspieler tragen hier alle mit ihren verschiedenen Signifikanten dazu bei. Und ihre Beiträge werden unterschiedlich sein und dem Geschmack, den gesellschaftlichen, kulturellen wie auch technologischen Bedingungen ihrer Zeit angepaßt, falls und wenn der gleiche Text in verschiedenen Ländern und zu verschiedenen Zeiten aufgeführt wird.

Den Film gibt es erst zu kurz, um den Wandel der Aussage zu erleben, die ein mechanisch aufgezeichneter und daher streng fixierter Aufführungstext mit der Zeit durchmacht. Doch können wir in Filmen, die ein halbes Jahrhundert alt sind, schon sehen, wie radikal sich die Aussage der Aufführung in den Augen einer späteren Generation wandelt: Bestandteile, die für selbstverständlich genommen wurden, Kleidermoden oder das Aussehen der Menschen werden nun zu wirkungsvollen historischen Aussagen; gesellschaftliche und moralische Voraussetzungen, die der Handlung zu der Zeit, in der der Film gedreht wurde, zugrunde lagen, sind lächerlich, spießig oder überholt; Elemente, die zu der Zeit ausgesprochen originell waren (neue Techniken von Montage zum Beispiel), sind inzwischen zu Klischees geworden und ein alter Hut; die Sprache selbst hat sich verändert, was aktueller Slang war, hat den Hauch des Antiquierten angenommen, und genauso verhält es sich mit dem Schauspielstil etc. Mit diesem Wechsel des Blickwinkels kann sich auch der Wert ändern, den wir einzelnen alten Filmen zumessen: Was erfolglos war, als es gemacht wurde, wird plötzlich wichtige historische Einsichten ans Licht bringen oder als seiner Zeit voraus und daher als Vorläufer gegenwärtiger Themen erkannt werden.

7

Drama enthält ohne Ausnahme starke politische Implikationen und Aussagen, und die Erzeuger dramatischer Aufführungen können niemals genau festlegen, wie ihr Produkt an jedem Ort zu jeder Zeit von vielen einzelnen, die mit weit auseinanderliegenden und vorgefaßten Vorstellungen zu der Aufführung kommen, interpretiert werden wird. Darin liegt das Paradox allen *politischen Dramas*, das bewußt und absichtlich entworfen worden ist, um bestimmte politische oder propagandistische Ziele zu erreichen.

Da Drama notwendigerweise dialektische, dialogische Situationen enthält, in denen, wie Hegel hervorhob, jede Seite wenigstens subjektiv starke Argumente haben und somit ‹im Recht› sein muß, ist es schwer, die Handlung so zu manipulieren, daß eine Seite und nicht die andere deutlich ‹auf der Seite der Engel› ist. Im mittelalterlichen allegorischen Drama hatte sogar der ‹Teufel› häufig ‹den besten Text› und stellte sich als die beliebteste Figur heraus.

Eine zu offensichtliche Manipulation der Handlung, um einen Standpunkt anstelle eines anderen zu bevorzugen, wird außerdem vom Publikum bemerkt und kann durchaus von vielen abgelehnt werden. Folglich kann jedes zu offen propagandistische oder einseitig ideologisch ausgerichtete Drama eine selbstzerstörerische Wirkung haben. In der Geschichte des propagandistischen Theaters und Films gibt es viele Beispiele für dieses Phänomen.

Bewußt geplantes politisches Drama kann trotzdem starke politische Wirkung haben, vorausgesetzt, das Publikum ist für die Botschaft der Aufführung schon im vorhinein empfänglich. Das gilt besonders für patriotisches, nationales Drama: *König Heinrich V.* in England, *Wilhelm Tell* in der Schweiz, Mickiewiczs *Totenfeier* in Polen, und auch für revolutionäres Drama: Die großen Meisterwerke des sowjetischen Films gehören in diese Kategorie. Dennoch neigen diese Fälle dazu, die Sicht zu bestätigen, daß Drama kein sehr gutes Vehikel für die Propagierung bestimmter ideologischer Sichtweisen ist. Diese Stücke und Filme predigten und predigen noch immer den Bekehrten.

Insgesamt kann Drama wohl nicht sehr effektiv darin sein, kurzfristige politische Ziele zu erreichen. Langfristig hingegen war und bleibt ein starker Einfluß auf das wechselnde soziale Verhalten, auf die graduelle Entwicklung des kollektiven Bewußtseins. Nicht der direkte Aufruf, die Botschaft an der Oberfläche zeigt die größte Wirkung; in Übereinstimmung mit dem eigentlichen Wesen des Dramatischen sind vielmehr die indirekten Implikationen der dramatischen Handlung wirkungsvoll, die Aussage, die sich sozusagen zwischen den Zeilen des Dialogs aus dem weitreichenden Nachklang der Handlung ergibt.

Die Behauptung, daß die Aufführung von Beaumarchais' *Die Hochzeit des Figaro* 1784 an der Comédie Française eine entscheidende Rolle spielte, die öffentliche Meinung in Frankreich reif für die französische Revolution zu machen, wird oft wiederholt. Wenn das stimmt, dann war die politische Wirkung des Stücks eine bemerkenswert indirekte: Es zeigt lediglich einen Diener, der seinem Herrn nicht nur intellektuell überlegen war (das ist ein Gemeinplatz der Komödie von Plautus bis zur Commedia dell'arte), sondern der den aristokratischen Ansprüchen seines Herrn aktiv widerstand und gegen ihn gewann (anstatt seinen Witz in die Dienste der Intrigen seines Herrn zu stellen).

Genauso war die Wirkung der naturalistischen Dramen von Autoren wie Ibsen, Hauptmann, Gorki oder Shaw eine allmähliche und indirekte, die viel dazu beitrugen, das öffentliche Verhalten gegenüber Frauen, der Arbeiterklasse, den sexuellen Sittenkodex etc. zu verändern. Drama neigt dazu, seine stärkste und dauerhafteste moralische Wirkung dadurch auszuüben, daß es das Verhalten der fortschrittlicheren Bevölkerungsgruppen reflektiert, indem es sie der öffentlichen Empörung und Diskussion aussetzt und so allmählich in das Bewußtsein der Gesellschaft eindringt. Der Prozeß ist der Kreislauf eines fortlaufenden Feedbacks: Sich verändernde Sichtweisen in der Gesellschaft werden im Drama reflektiert, verändern im Gegenzug das moralische Klima der Gesellschaft und bereiten die Bühne für die nächste Phase des Wandels vor, die schließlich wiederum im Drama reflektiert wird und immer so weiter.

Die allmähliche Humanisierung von Verhaltensweisen gegenüber rassischen und sexuellen Minderheiten, wie Öffnung gegenüber bisherigen Tabuthemen in der öffentlichen Diskussion, die die Entwicklung der letzten fünfzig Jahre in der westlichen Gesellschaft kennzeichnet, ist zu einem großen Teil dem Drama auf Bühne und Leinwand zu verdanken.

Doch dieser Anstoß zum Wandel, der sich an der vordersten Front der dramatischen Medien zeigt, muß immer auf dem Hintergrund der ebenso indirekten wie wesentlich stärkeren Wirkung des populären Dramas gesehen werden, den politischen, moralischen und gesellschaftlichen *Status quo* zu untermauern.

8

Die gesellschaftliche und politische Wirkung von Drama wurde in der Vergangenheit als Erfahrung einer Gruppe von Menschen betrachtet, die in einem Raum versammelt ist und eine zeitlich begrenzte, kollektive Einheit bildet: einer Menge, eines Publikums.

In einer Epoche, wo die Mehrheit Drama zumeist isoliert oder in kleinen Gruppen vor dem Fernseher erlebt, ist diese Verbindung mit dem Ursprung dramatischen Erlebens in stammesgebundenem oder im religiösen und gesellschaftlichen Ritual weit weniger offensichtlich.

Tatsächlich bleibt es eine ziemlich offene Frage, ob Fernsehen als dramatisches Medium überhaupt in der Lage ist, die intensivsten – anagogischen – Erfahrungen und Aussagen zu produzieren, einfach weil ihm das ‹Geheimnis› fehlt, durch das auf dem Gipfel künstlerischer, emotionaler und intellektueller Intensität das Kollektiv zu einer höheren Einheit verschmilzt und an einem quasimystischen Moment der Einsicht teilhat. Im nüchternen Licht der Reflektion ist dieses ‹Geheimnis› einfach ein Aspekt der ‹Massenpsychologie›, wie sie von Le Bon oder Freud umrissen wurde, das Ergebnis der erhöhten Konzentration, die für den einzelnen aus dem Bewußtsein der Aufmerksamkeit anderer Zuschauer entsteht, ihrem angehaltenen Atem, ihrer Stille oder umgekehrt ihrem wilden Gelächter und offenkundigen Enthusiasmus.

Es kann kein Zweifel bestehen, daß die am tiefsten gefühlten und am stärksten erinnerten Erlebnisse dramatischer Aufführungen für den einzelnen Zuschauer, der spürt, wie seine oder ihre Persönlichkeit in überpersönlicher Gegenwart aufgeht, indem sie mit der kollektiven Persönlichkeit der Menge eins wird, aus diesen massenpsychologischen Situationen hervorgehen. In solchen Momenten, so rar sie auch sein mögen, übt Drama seine größte Wirkung aus und ist fähig, wie Brecht und Artaud es forderten, die Einstellung des einzelnen zum Leben zu verändern, ihm oder ihr bleibende spirituelle und intellektuelle Einsichten zu vermitteln.

Doch wie tief und intensiv gesteigert die Erfahrung des einzelnen einer höheren, spirituellen, ‹anagogischen› Aussage des dramatischen Ereignisses auch ist, es kann keine kollektiv wahrgenommene ‹Aussage› geben, die alle Anwesenden wirklich gemeinsam hätten. Die Intensität von Konzentration, Wahrnehmung, emotionaler Wirkung kann durch ein Bewußtsein gleicher Konzentration und emotionaler Intensität in der Menge sicher erhöht werden; doch der ‹Gehalt› dessen, was so intensiv erfahren wird, die ‹Aussage› des dramatischen Ereignisses, wird notwendigerweise ausschließlich die des einzelnen bleiben, seine spezifisch private Erfahrung.

Die Erfahrung dieses einzelnen ist im wesentlichen der Punkt, wo alle Anstrengungen der Schöpfer der dramatischen Aufführung, alle Zeichen und Zeichensysteme, die sie eingesetzt haben, ihre Bestimmung und entscheidende Wirkung erreichen müssen.

Auf der höchsten Stufe hängt die Aussage einer solchen dramatischen Aufführung, ihre Wirkung, Botschaft und deren Quintessenz in den Erinnerungen dieses einzelnen und seinen Einstellungen zum Leben genauso, wenn nicht noch mehr von seiner Persönlichkeit, von seinem Hintergrund, seinem Wissen, seinen Vorurteilen und Vorlieben ab wie von den Absichten des Autors, des Regisseurs, des Bühnen- und Kostümbildners, der Musiker oder Schauspieler, die das Ereignis geschaffen haben.

Was immer sie zu übermitteln beabsichtigten, ist transformiert und übersetzt in den persönlichen Eindruck und die Erfahrung dieses einzelnen. Es kann keine ‹richtige›, ‹letzte›, ‹endgültige› oder ‹wahre› Interpretation geben, keine reine, ‹metaphysische›, ‹platonische Idee› der endgültigen Aussage eines dramatischen *Textes* und noch weniger der unendlich komplexeren Textur einer dramatischen Aufführung.

Es kann durch exakte Analyse dessen, was in dem dramatischen ‹Text› und der ‹Textur› auf der rein faktischen Bedeutungsebene geschieht, Übereinkunft geben, man kann über die moralischen, philosophischen und poetischen Implikationen dieses Textes debattieren und über die Art, wie er in einer einzelnen Aufführung gezeigt wurde. Und die Implikationen werden notwendigerweise im Lauf der Zeit wechseln, einfach weil sich nicht nur die Bedingungen, unter denen Drama gesehen wird, ändern, sondern weil frühere kritische Interpretationen – und frühere praktische Interpretationen von früheren Regisseuren und Schauspielern – den Ausgangspunkt für das Publikum leicht verschieben, das sich dieser Interpretation bewußt ist.

Im Film, wo die ganze Textur der Aufführung auf Dauer fixiert ist, wird die Aussage dieses fixierten Artefakts sich selbst im Lauf der Zeit und unter dem Einfluß von Interpretationen und Meinungen, die um das Werk entstanden sind, verändern, vorausgesetzt, es war wichtig genug, um eine bleibende Wirkung zu haben.

Im Theater, wo nur der verbale Text dauerhaft ist und in einer unendlichen Zahl von verschiedenen Produktionen wiederverkörpert werden kann, ist dieser Prozeß sogar noch variabler und komplexer. Jeder *Lear* nach Peter Brooks *Lear* wird seinen Einfluß enthalten oder sich ihm verweigern, und es wird Zuschauer geben, die die Aufführung in Anbetracht dieser früheren Erfahrung und dieses Wissens sehen.

Je komplexer, je vielschichtiger und subtiler strukturiert die Wahrnehmung einer dramatischen Aufführung für den einzelnen Zuschauer wird, desto mehr wird sich ihre künstlerische, philosophische, moralische – anagogische – Wirkung unter Beweis stellen, desto weniger wird es möglich sein, zu einer exakten, ‹wissenschaftlich› gültigen Bestimmung und Analyse ihrer ‹Aussage› zu kommen. Und auf seinem höchsten Punkt von Intensität und Komplexität unterstreicht das Phänomen nur das, was sogar auf seiner grundlegendsten Ebene der Fall ist. Es ist genauso unmöglich, die endgültige Aussage einer Seifenoper auf eine wissenschaftliche Formel zurückzuführen (weil so vieles unbewußt ist) wie das schwierigste Werk eines Bergman, einer Mnouchkine oder eines Fellini.

9

Drama ist Mimesis wirklichen Lebens. Doch das Buch der Natur ist nicht in einer Sprache geschrieben, die in einem Lexikon oder einer Grammatik in ein System gebracht werden kann. Es wirken so viele

Aussage produzierende Systeme, daß jeder Moment von Erfahrung abundativ überdeterminiert und vieldeutig ist. Da es keinen fixierten Code in der Wirklichkeit gibt, kann das Theater auch nicht auf ein fixiertes System von Codes zurückgeführt werden.

Das Theater ist ein Abbild – auf seiner höchsten Stufe, geordnet und in den Rang der Kunst erhoben – der wirklichen Welt und des wirklichen Lebens. Darum nannte Antonin Artaud sein Buch *Das Theater und sein Double*. Das Theater ist wie die anderen Formen von Drama zu komplex, als daß es auf eine Sprache mit vorgeschriebenen Regeln für Grammatik und Bedeutung zurückgeführt werden könnte. Obwohl Drama viele Sprachen und Bedeutungssysteme verwendet, ist es das Double des Lebens, ein kontrolliertes, vereinfachtes Double, aber trotzdem ein Double.

Darum übersteigt eine dramatische Aufführung auf jeder Ebene, insbesondere auf der höchsten Stufe der Hierarchie der Aussagen, der anagogischen, alle Versuche, auf etwas so nüchternes wie eine einzeln definierbare und allgemein gültige Aussage reduziert zu werden.

Sie kann solch eine Aussage oder viele Aussagen auf vielen Ebenen für einzelne Zuschauer haben. Doch darüber hinaus wird sie auf dieser Stufe etwas erreichen, was viel subtiler und viel profunder ist: Zusätzlich zu ihrer Botschaft oder ihren Botschaften, ihren verschiedenen Aussageebenen, kann sie in der Lage sein, ihrem Publikum, jedem einzelnen anders, eine *Erfahrung* zu vermitteln sowohl auf der emotionalen als auch auf der intellektuellen Ebene, die im Zeitraum von zwei oder drei Stunden das konzentrieren wird, was das Gefühlserlebnis und die intellektuelle Lektion von, sagen wir, einer ganzen Liebesgeschichte oder einer anderen entscheidenden Episode im Leben eines einzelnen sein könnte.

In diesem Sinne ist Drama mehr als bloße Kommunikation. Es ist wahr, eine Kommunikation findet statt, ein letzter Rest von Aussage wird für den einzelnen Zuschauer hinterlassen, alle Codes, alle Signifikanten wirken und können ad infinitum analysiert werden; doch was wirklich zählt am Ende einer solchen dramatischen Aufführung, ist, daß der Zuschauer daraus hervorgehen und eine emotionale, poetische, intellektuelle Erfahrung von einer Intensität und Bedeutung gehabt haben muß, die vielleicht so groß, vielleicht noch größer ist als eine der zentralen, entscheidenden Erfahrungen seines oder ihres ‹wirklichen› Lebens. Das ist es, was Artaud meinte, als er von einem Theater träumte, welches seine Zuschauer bis auf den Grund ihrer Existenz erschüttern würde.

Auf diese Art kann Drama unsere Existenz wirklich vervollkommnen und eine wertvolle Rolle dabei spielen, unsere Welt zu bereichern, unseren Erfahrungshorizont und unser Verständnis der menschlichen Natur zu erweitern.

Das ist natürlich die letzte, höchste Wirkungsebene aller Künste, der Punkt, an dem die ästhetische Erfahrung sich der Intensität und Wandlungskraft einer religiösen Erfahrung annähern kann. Doch Drama und besonders solche Formen, die von vielen Zuschauern gesehen werden, so daß die Erfahrung des einzelnen durch die Erfahrungen der anderen gesteigert und multipliziert wird, ist prädestiniert dafür, Erfahrung von überwältigender Intensität und Tiefe zu schaffen. Daher die oft betonte Verwandtschaft zwischen Drama und Ritual – und die Verwendung dramatischer Ausdrucksformen im Ritual wie aber auch der Verwendung ritueller Formen im Drama.

Die Fähigkeit und die Kraft von Drama, ein emotionales Erlebnis der höchsten Intensität zu schaffen ähnlich der religiöser oder mystischer Ekstase, einer Erfahrung, die zu einem entscheidenden Wendepunkt im Leben eines einzelnen werden und diesen einzelnen verändern kann oder umgekehrt eine tief verstörende Erfahrung wie die, die Hamlet seinem Onkel zufügte, ist das wahre Maß seiner Wichtigkeit im Gefüge unseres Lebens, unserer Gesellschaft und unserer Kultur, die wahre Größe der ‹Kunst der Bühne›.

Bibliographie

J. Dudley Andrews, The Major Film Theories. An Introduction. Oxford: Oxford Univ. Press 1976.

Lisa Appignanesi, Das Kabarett. Stuttgart: Belser 1976.

William Archer, Play-Making. A Manual of Craftmanship. Boston: Small, Maynard 1912.

Michael Argyle, Körpersprache und Kommunikation. Paderborn: Junfermann 1976.

Michael J. Arlen, Thirty Seconds. New York: Farrar, Straus & Giroux 1980.

Rudolf Arnheim, Film als Kunst. Berlin: Rowohlt 1932.

James F. Arnott/Joelle Chariau/Heinrich Huesmann/Tom Lawrenson/Rainer Theobald, Raum des Theaters. München: Prestel 1977.

Odette Aslan (Hrsg.), L'Art du Théâtre. Paris: Seghers 1963.

Antonin Artaud, Œuvres Complètes (Nouvelle édition revue et augmentée). Bd. I–XXI (wird fortgesetzt)
- Collected Works (Übers. V. Conti). 4 Bde. London: Calder & Boyer 1976–1986.
- Selected Writings (Hrsg. Susan Sontag). New York: Farrar, Straus & Giroux 1976.
- Gesammelte Schriften in Einzelausgaben. Die Tarahumaras. München: Rogner und Bernhard 1975.
- Schluß mit dem Gottesgericht/Theater der Grausamkeit. München: Matthes & Seitz 1980.
- Das Theater und sein Double/Das Theater Seraphin. Frankfurt/M.: Fischer 1979.
- Van Gogh, der Selbstmörder durch die Gesellschaft u. a. Texte. München: Matthes & Seitz 1977.
- Frühe Schriften. München: Matthes & Seitz 1983.
- Surrealistische Texte. München: Matthes & Seitz 1985.

John L. Austin, Zur Theorie der Sprechakte. Stuttgart: Reclam 1979.
- Wort und Bedeutung: philosophische Aufsätze. München: List 1975.

Denis Bablet/Jean Jacquot, Le lieu théâtral dans la société moderne. Paris: Centre National de la Recherche Scientifique 1963.

George Pierce Baker, Dramatic Technique. Boston/New York: Houghton Mifflin 1919.

Béla Balázs, Der Film. Werden und Wesen einer neuen Kunst. Wien: Globus 1949.

Eugenio Barba, Jenseits der schwimmenden Inseln. Reflexionen mit dem Odin-Theater, Theorie und Praxis des Freien Theaters. Reinbek: Rowohlt 1985.

Roland Barthes, Elemente der Semiologie. Frankfurt/M.: Syndikat 1979.

– Die Sprache der Mode. Frankfurt/M.: Suhrkamp 1985.

– Essais Critiques. Paris: Seuil 1964.

– L'obvie et l'obtus. Essais Critiques III. Paris: Seuil 1982.

– Kritische Essays. Bd. 3. Frankfurt/M.: Suhrkamp 1986.

– Le bruisement de la langue. Essais Critiques IV. Paris: Seuil 1984.

– Das Reich der Zeichen. Frankfurt/M.: Suhrkamp 1981.

– Le grain et la voix. Entretiens 1962–1980. Paris: Seuil 1981.

André Bazin, Was ist Kino? Bausteine zur Theorie des Films. Köln: DuMont 1975.

Walter Benjamin, «Das Kunstwerk im Zeitalter seiner technischen Reproduzierbarkeit», in: Schriften. Bd. I. Frankfurt/M.: Suhrkamp 1955.

Günter Bentele (Hrsg.), Semiotik der Massenmedien. München: Ölschläger 1981.

Jonathan Benthall/Ted Polhemus (Hrsg.), The Body as a Medium of Expression. London: Alan Lane 1975.

Gianfranco Bettetini, Produzione del senso e messa in scena. Mailand: Bompiani 1975.

Marshall Blonsky (Hrsg.), On Signs. Baltimore: Johns Hopkins Univ. Press 1985.

Paul Bouissac, La Mesure des Gestes. Prolégomènes à la sémiotique gestuelle. Den Haag/Paris: Mouton 1973.

Manfred Brauneck, Theater im 20. Jahrhundert. Programmschriften, Stilperioden, Reformmodelle. Reinbek bei Hamburg: Rowohlt 1986.

– Klassiker der Schauspielregie. Positionen und Kommentare zum Theater im 20. Jahrhundert. Reinbek bei Hamburg: Rowohlt 1988.

– Gérard Schneilin, Theaterlexikon. Begriffe und Epochen, Bühnen und Ensembles. Reinbek bei Hamburg: Rowohlt 1986.

Bertolt Brecht, «Schriften zum Theater». Bd. VII (gebundene Ausgabe), Bd. 15–17 (Taschenbuchausgabe) der Gesammelten Werke. Frankfurt/M.: Suhrkamp 1967.

– (Hrsg. und Übers. John Willet) Brecht on Theatre. London: Eyre Methuen 1964.

J. S. Bruner/A. Jolly/K. Silva (Hrsg.), Play – its Role in Evolution and Development. London: Penguin 1976.

Elizabeth Burns, Theatricality: A Study of Convention in the Theatre and in Social Life. London: Longman 1972.

– Tom Burns (Hrsg.), Sociology of Literature and Drama. London: Penguin 1973.

Roger Caillois (Hrsg.), Jeux et Sports. Bd. XXIII der Encyclopédie de la Pléiade. Paris: Gallimard 1967.

Marvin Carlson, Goethe and the Weimar Theatre. Ithaca/London: Cornell University Press 1978.
- Theories of the Theatre. Ithaca/London: Cornell University Press 1984.
Jean Cazeneuve, Les Rites et la condition humaine. Paris: Presses Universitaires de France 1958.
J. L. Davitz, The Communication of Emotional Meaning. New York: New York Univ. Press 1964.
Etienne Décroux, Paroles sur le mime. Paris: Gallimard 1963.
John N. Deely (Hrsg.), Tractatus de Signis. The semiotics of John Poinsot. Berkeley: Univ. of California Press 1985.
John Deely/Brooke Williams/Felicia E. Kruse (Hrsg.), Frontiers in Semiotics. Bloomington: Indiana Univ. Press 1986.
Jacques Derrida, Die Schrift und die Differenz. Frankfurt/M.: Suhrkamp 1972.
- Grammatologie. Frankfurt/M.: Suhrkamp 1974.
- La Dissémination. Paris: Seuil 1972.
Denis Diderot, Writings on Theatre (Hrsg. F. C. Green). Cambridge: Cambridge University Press 1936.
Guy Dumur (Hrsg.), Histoire des spectacles, Bd. XIX der Encyclopédie de la Pléiade. Paris: Gallimard 1965.
Friedrich Dürrenmatt, Theater-Schriften und Reden. Zürich: Arche 1966.
- Dramaturgisches und Kritisches. Theater-Schriften und Reden. Zürich: Arche 1966.
Jean Duvignaud, Sociologie du théâtre. Essai sur les ombres collectives. Paris: Presses Universitaires 1963.
- L'Acteur. Esquisse d'une sociologie du comédien. Paris: Gallimard 1965.
- Soziologie der künstlerischen Schöpfung. Stuttgart: Enke 1975.
Umberto Eco, Semiotik. Entwurf einer Theorie der Zeichen. München: Fink 1987.
- «Semiotics of Theatrical Performance», in: The Drama Review, Nr. 21, New York 1977.
- Travels in Hyper-Reality. Essays. San Diego/New York/London: Harcourt Brace 1986.
- Thomas E. Seboek (Hrsg.), Der Zirkel oder im Zeichen der Drei. München: Fink 1985.
Michael Egan (Hrsg.), Ibsen: the Critical Heritage. London/Boston: Routledge and Kegan Paul 1972.
Keir Elam, The Semiotics of Theatre and Drama. London/New York: Methuen 1980.
Martin Esslin, Brecht. Das Paradox des politischen Dichters. München: dtv 1970.
- Das Theater des Absurden. Von Beckett bis Pinter. Reinbek bei Hamburg: Rowohlt 1985.

- An Anatomy of Drama. London: Temple Smith 1976; New York: Methuen 1984.
- Artaud. London: Fontana 1976; New York: Penguin 1977.
- Meditations. Essays on Brecht, Beckett and the Media. Baton Rouge: Louisiana State Univ. Press 1980; London: Methuen 1981.
- The Age of Television. San Francisco: W. H. Freeman 1983.

Erika Fischer-Lichte, Bedeutung. Probleme einer semiotischen Hermeneutik und Ästhetik. München: Beck 1979.
- Semiotik des Theaters. Eine Einführung. Bd. 1–3. Tübingen: Narr 1983.

John Miles Foley (Hrsg.), Oral Tradition in Literature. Interpretation in Context. Columbia: University of Missouri Press 1986.

Gustav Freytag, Die Technik des Dramas, in: Gesammelte Werke. Bd. 14. Leipzig: Hirzel 1897.

F. W. Galan, Historic Structures. The Prague School Project, 1928–1946. Austin: Univ. of Texas Press 1985.

Wolfgang Gersch, Film bei Brecht. Berlin (DDR): Henschel 1975.

Gilles Girard/Real Quellet/Claude Rigault, L'Univers du théâtre. Paris: Presses Universitaires de France 1978.

Erving Goffman, Wir alle spielen Theater/Die Selbstdarstellung im Alltag. München: Piper 1969.

Henri Gouhier, Le Théâtre et l'existence. Paris: Vrin 1980.

A. J. Greimas, Strukturale Semantik/Methodologische Untersuchungen. Braunschweig: Vieweg 1971.
- Du sens. Paris: Seuil 1970.

Georg Friedrich Hegel, Werke. Bd. 15. Frankfurt/M.: Suhrkamp 1970.

André Helbo, Les Mots et les gestes. Essai sur le théâtre. Lille: Presses Universitaires de Lille 1983.
- (Hrsg.), Sémiologie de la représentation. Théâtre, Television, Bande dessinée. Brüssel: Editions Complexe 1975.

Andrew S. Horton/Joan Margretta. Modern European Filmmakers and the Art of Adaption. New York: Frederick Ungar 1981.

Roman Ingarden, «Von den Funktionen der Sprache im Theaterschauspiel», in: Das literarische Kunstwerk. 2. Aufl. Tübingen: Niemeyer 1960.

Aloysius van Kestern/Hertha Schmidt (Hrsg.), Moderne Dramentheorie. Kronberg/Ts.: Scriptor 1975.
- Semiotics of Drama and Theatre. New Perspectives in the Theory of Drama and Theatre, in: Linguistic and Literary Studies in Eastern Europe. Bd. 10. Amsterdam/Philadelphia: John Benjamins Publ. 1984.

Mary Ritchie Key (Hrsg.), Nonverbal Communication Today. Current Research. Berlin/New York/Amsterdam: Mouton 1982.

Volker Klotz, Bürgerliches Lachtheater. Komödie – Posse – Schwank – Operette. Reinbek bei Hamburg: Rowohlt 1987.

Tadeusz Kowzan, Littérature et Spectacle. Den Haag/Paris: Mouton 1975.

Siegfried Kracauer, Von Caligari bis Hitler. Ein Beitrag zur Geschichte des deutschen Films. Reinbek: Rowohlt 1958.

- Theorie des Films. Die Errettung der äußeren Wirklichkeit. Frankfurt/M.: Suhrkamp 1964.
- Kino: Essays, Studien, Glossen zum Film. Frankfurt/M.: Suhrkamp 1974.

Franz H. Link, Dramaturgie der Zeit. Freiburg: Rombach 1977.

Georg Lukács, Entwicklungsgeschichte des modernen Dramas (Hrsg. F. Benseler). Darmstadt/Neuwied: Luchterhand 1981.

Gerald Mast/Marshall Cohen, Film Theory and Criticism: Introducing Readings (3rd ed.). New York/Oxford: Oxford Univ. Press 1985.

Ladislas Matejka/Irwin R. Titunik (Hrsg.), Semiotics of Art. Prague School Contributions. Cambridge, Mass.: MIT Press 1976.

Marshall McLuhan, The Gutenberg Galaxy. London: Routledge and Kegan Paul 1962.
- Understanding Media: The Extensions of Man. London: Routledge and Kegan Paul 1964.

Vsevolod Meyerhold, Meyerhold on Theatre (Hrsg. E. Braun). London: Methuen 1969.
- Theaterarbeit 1917–1930. München: Hanser 1974.
- Theateroktober. Beiträge zur Entwicklung des sowjetischen Theaters. Leipzig: Reclam 1967.
- Aufsätze, Briefe, Reden, Gespräche. 2 Bde. Deutsche Akademie der Künste zu Berlin 1979.

Jean Mitry, Esthétique et psychologie du cinéma, 2 Bde. Paris: Editions Universitaires 1963–1965.

George Mounin, Introduction à la sémiologie. Paris: Ed. de Minuit 1969.

A. M. Nagler, A Source Book in Theatrical History. New York: Dover 1952.

Horace Newcomb (Hrsg.), Television: The critical view. 3. Aufl. New York/Oxford: Oxford Univ. Press 1982.

Bill Nichols (Hrsg.), Movies and Methods. An Anthology. Berkeley: University of California Press Bd. I 1976, Bd. II 1985.

Laurence Olivier, Bekenntnisse eines Schauspielers. München: Bertelsmann 1985.

Patrice Pavis, Dictionnaire du Théâtre. Paris: Editions Sociales 1980.
- Voix et Images de la Scène. Essais de Sémiologie Théâtrale. Lille: Presses Universitaires 1982.
- Voix et Images de la Scène. Pour une Sémiologie de la Réception (neue und überarbeitete Ausgabe). Lille: Presses Universitaires 1985.
- Languages of the Stage. Essays in the Semiology of Theatre. New York: Performing Arts Journal 1982.

Charles S. Peirce, Philosophical Writings (Hrsg. J. Buchler). New York: Dover 1955.
- Selected Writings. (Values in a Universe of Chance) (Hrsg. P. H. Wiener). New York: Dover 1958.
- Schriften. Frankfurt/M.: Suhrkamp
- Zur Entstehung des Pragmatismus (1967).
- Vom Pragmatismus zum Pragmatizismus (1970).

- Vorlesungen über Pragmatismus. Hamburg: Meiner 1973.
- über zeichen. Stuttgart: Walther 1965.
- Zur semiotischen Grundlegung von Logik + Mathematik. Stuttgart: Edition Rot 1976.
- Phänomen und Logik der Zeichen. Frankfurt/M.: Suhrkamp 1983.
- Semiotische Schriften. Bd. 1. Frankfurt/M.: Suhrkamp 1986.

Stephen C. Pepper, Aesthetic Quality. A Contextualist Theory of Beauty. New York: Scribner 1938.

Erwin Piscator, Zeittheater. «Das Politische Theater» und weitere Schriften von 1915 bis 1966. Reinbek bei Hamburg: Rowohlt 1986.

John Poinsot, Tractatus de Signis (siehe Deely).

Georges Polti, The Thirty-Six Dramatic Situations. Boston: The Writer 1960.

Vladimir Propp, Morphologie des Märchens. München: Hanser 1972.

Barry Salt, Film Style and Technology: History and Analysis. London: Starword 1983.

Ferdinand de Saussure, Grundfragen der allgemeinen Sprachwissenschaft (Hrsg. C. Bally/A. Sechehaye). 2. Aufl. Berlin: de Gruyter 1967.

Susanne Schlicher, TanzTheater. Traditionen und Freiheiten. Reinbek bei Hamburg: Rowohlt 1987.

Dieter Schwanitz, Die Wirklichkeit der Inszenierung und die Inszenierung der Wirklichkeit. Meisenheim am Glan: Hain 1977.

John R. Searle, Sprechakte. Ein sprachphilosophischer Essay. Frankfurt/M.: Suhrkamp 1971.

Theodore Shank, The Art of Dramatic Art. Belmont, Kalifornien: Dickenson 1969.

Kaja Silverman, The Subject of Semiotics, New York/Oxford: Oxford University Press 1983.

Etienne Souriau, Les deux cent mille situations dramatiques. Paris: Flammarion 1950.

Bert O. States, Great Reckonings in Little Rooms. On the Phenomenology of Theatre. Berkeley: University of California Press 1985.

Victor Turner, From Ritual to Theatre, The Human Seriousness of Play. New York: Performing Arts Journal Publications 1982.

- Dramas, Fields and Metaphors: Symbolic Action in Human Society. Ithaca/London: Cornell Univ. Press 1974.

Anna Ubersfeld, Lire le théâtre. Paris: Editions Sociales 1977.

André Veinstein, La mise en scène théâtrale et sa condition esthétique. Paris: Flammarion 1955.

Ludwig Wittgenstein, Das blaue Buch/Das braune Buch, in: Schriften 5. Frankfurt/M.: Suhrkamp 1970.

Register